心一堂術數古籍珍本叢刊

書名：《談氏三元地理濟世淺言》附《打開一條生路》
系列：心一堂術數古籍珍本叢刊　第二輯　堪輿類　無常派玄空珍秘　210
作者：【民國】談養吾　撰
主編、責任編輯：陳劍聰
心一堂術數古籍珍本叢刊編校小組：陳劍聰　素聞　鄒偉才　虛白盧主

出版：心一堂有限公司
通訊地址：香港九龍旺角彌敦道六一〇號荷李活商業中心十八樓〇五—〇六室
深港讀者服務中心：中國深圳市羅湖區立新路六號羅湖商業大厦負一層〇〇八室
電話號碼：(852)67150840
網址：publish.sunyata.cc
電郵：sunyatabook@gmail.com
網店：http://book.sunyata.cc
淘寶店地址：https://shop210782774.taobao.com
微店地址：https://weidian.com/s/1212826297
臉書：https://www.facebook.com/sunyatabook
讀者論壇：http://bbs.sunyata.cc/

版次：二零一八年八月初版
平裝

定價：港幣　一百一十八元正
　　　新台幣　四百六十元正

國際書號：ISBN 978-988-8316-78-6

香港發行：香港聯合書刊物流有限公司
地址：香港新界大埔汀麗路36號中華商務印刷大廈3樓
電話號碼：(852)2150-2100
傳真號碼：(852)2407-3062
電郵：info@suplogistics.com.hk

台灣發行：秀威資訊科技股份有限公司
地址：台灣台北市內湖區瑞光路七十六巷六十五號一樓
電話號碼：+886-2-2796-3638
傳真號碼：+886-2-2796-1377
網絡書店：www.bodbooks.com.tw
台灣國家書店讀者服務中心：
地址：台灣台北市中山區松江路二〇九號一樓
電話號碼：+886-2-2518-0207
傳真號碼：+886-2-2518-0778
網絡書店：http://www.govbooks.com.tw

中國大陸發行　零售：深圳心一堂文化傳播有限公司
深圳地址：深圳市羅湖區立新路六號羅湖商業大厦負一層〇〇八室
電話號碼：(86)0755-82224934

心一堂微店二維碼

心一堂淘寶店二維碼

心一堂術數古籍 珍本／整理 叢刊 總序

術數定義

術數，大概可謂以「推算（推演）、預測人（個人、群體、國家等）、事、物、自然現象、時間、空間方位等規律及氣數，並或通過種種『方術』，從而達致趨吉避凶或某種特定目的」之知識體系和方法。

術數類別

我國術數的內容類別，歷代不盡相同，例如《漢書・藝文志》中載，漢代術數有六類：天文、曆譜、五行、蓍龜、雜占、形法。至清代《四庫全書》，術數類則有：數學、占候、相宅相墓、占卜、命書、相書、陰陽五行、雜技術等，其他如《後漢書・方術部》、《藝文類聚・方術部》、《太平御覽・方術部》等，對於術數的分類，皆有差異。古代多把天文、曆譜、及部分數學均歸入術數類，而民間流行亦視傳統醫學作為術數的一環；此外，有些術數與宗教中的方術亦往往難以分開。現代民間則常將各種術數歸納為五大類別：命、卜、相、醫、山，通稱「五術」。

本叢刊在《四庫全書》的分類基礎上，將術數分為九大類別：占筮、星命、相術、堪輿、選擇、三式、讖緯、理數（陰陽五行）、雜術（其他）。而未收天文、曆譜、算術、宗教方術、醫學。

術數思想與發展——從術到學，乃至合道

我國術數是由上古的占星、卜筮、形法等術發展下來的。其中卜筮之術，是歷經夏商周三代而通過「龜卜、蓍筮」得出卜（筮）辭的一種預測（吉凶成敗）術，之後歸納並結集成書，此即現傳之《易

經》。經過春秋戰國至秦漢之際，受到當時諸子百家的影響、儒家的推崇，遂有《易傳》等的出現，原本是卜筮術書的《易經》，被提升及解讀成有包涵「天地之道（理）」之學。因此，《易・繫辭傳》曰：「易與天地準，故能彌綸天地之道。」

漢代以後，易學中的陰陽學說，與五行、九宮、干支、氣運、災變、律曆、卦氣、讖緯、天人感應說等相結合，形成易學中象數系統。而其他原與《易經》本來沒有關係的術數，如占星、形法、選擇，亦漸漸以易理（象數學說）為依歸。《四庫全書・易類小序》云：「術數之興，多在秦漢以後。要其旨，不出乎陰陽五行，生尅制化。實皆《易》之支派，傅以雜說耳。」至此，術數可謂已由「術」發展成「學」。

及至宋代，術數理論與理學中的河圖洛書、太極圖、邵雍先天之學及皇極經世等學說給合，通過術數以演繹理學中「天地中有一太極，萬物中各有一太極」（《朱子語類》）的思想。術數理論不單已發展至十分成熟，而且也從其學理中衍生一些新的方法或理論，如《梅花易數》、《河洛理數》等。

在傳統上，術數功能往往不止於僅僅作為趨吉避凶的方術，及「能彌綸天地之道」的學問，亦有其「修心養性」的功能，「與道合一」（修道）的內涵。《素問・上古天真論》：「上古之人，其知道者，法於陰陽，和於術數。」數之意義，不單是外在的算數、歷數、氣數，而是與理學中同等的「道」、「理」--心性的功能，北宋理氣家邵雍對此多有發揮：「聖人之心，是亦數也」、「萬化萬事生乎心」、「心為太極」。《觀物外篇》：「先天之學，心法也。……蓋天地萬物之理，盡在其中矣，心一而不分，則能應萬物。」反過來說，宋代的術數理論，受到當時理學、佛道及宋易影響，認為心性本質上是等同天地之太極。天地萬物氣數規律，能通過內觀自心而有所感知，即是內心也已具備有術數的推演及預測、感知能力；相傳是邵雍所創之《梅花易數》，便是在這樣的背景下誕生。

《易・文言傳》已有「積善之家，必有餘慶；積不善之家，必有餘殃」之說，至漢代流行的災變說及讖緯說，我國數千年來都認為天災，異常天象（自然現象），皆與一國或一地的施政者失德有關；下至家族、個人之盛衰，也都與一族一人之德行修養有關。因此，我國術數中除了吉凶盛衰理數之外，人心的德行修養，也是趨吉避凶的一個關鍵因素。

術數與宗教、修道

在這種思想之下，我國術數不單只是附屬於巫術或宗教行為的方術，又往往是一種宗教的修煉手段--通過術數，以知陰陽，乃至合陰陽（道）。「其知道者，法於陰陽，和於術數。」例如，「奇門遁甲」術中，即分為「術奇門」與「法奇門」兩大類。「法奇門」中有大量道教中符籙、手印、存想、內煉的內容，是道教內丹外法的一種重要外法修煉體系。甚至在雷法一系的修煉上，亦大量應用了術數內容。此外，相術、堪輿術中也有修煉望氣（氣的形狀、顏色）的方法；堪輿家除了選擇陰陽宅之吉凶外，也有道教中選擇適合修道環境（法、財、侶、地中的地）的方法，以至通過堪輿術觀察天地山川陰陽之氣，亦成為領悟陰陽金丹大道的一途。

易學體系以外的術數與的少數民族的術數

我國術數中，也有不用或不全用易理作為其理論依據的，如揚雄的《太玄》、司馬光的《潛虛》。也有一些占卜法、雜術不屬於《易經》系統，不過對後世影響較少而已。

外來宗教及少數民族中也有不少雖受漢文化影響（如陰陽、五行、二十八宿等學說。）但仍自成系統的術數，如古代的西夏、突厥、吐魯番等占卜及星占術，藏族中有多種藏傳佛教占卜術、苯教占卜術、擇吉術、推命術、相術等；北方少數民族有薩滿教占卜術；不少少數民族如水族、白族、布朗族、佤族、彝族、苗族等，皆有占雞（卦）草卜、雞蛋卜等術，納西族的占星術、占卜術，彝族畢摩的推命術、占卜術……等等，都是屬於《易經》體系以外的術數。相對上，外國傳入的術數以及其理論，對我國術數影響更大。

曆法、推步術與外來術數的影響

我國的術數與曆法的關係非常緊密。早期的術數中，很多是利用星宿或星宿組合的位置（如某星在某州或某宮某度）付予某種吉凶意義，并據之以推演，例如歲星（木星）、月將（某月太陽所躔之宮次）等。不過，由於不同的古代曆法推步的誤差及歲差的問題，若干年後，其術數所用之星辰的位置，已與真實星辰的位置不一樣了；此如歲星（木星），早期的曆法及術數以十二年為一周期（以應地支），與木星真實周期十一點八六年，每幾十年便錯一宮。後來術家又設一「太歲」的假想星體來解決，是歲星運行的相反，週期亦剛好是十二年。而術數中的神煞，很多即是根據太歲的位置而定。又如六壬術中的「月將」，原是立春節氣後太陽躔娵訾之次而稱作「登明亥將」，至宋代，因歲差的關係，要到雨水節氣後太陽才躔娵訾之次，當時沈括提出了修正，但明清時六壬術中「月將」仍然沿用宋代沈括修正的起法沒有再修正。

由於以真實星象周期的推步術是非常繁複，而且古代星象推步術本身亦有不少誤差，大多數術數除依曆書保留了太陽（節氣）、太陰（月相）的簡單宮次計算外，漸漸形成根據干支、日月等的各自起例，以起出其他具有不同含義的眾多假想星象及神煞系統。唐宋以後，我國絕大部分術數都主要沿用這一系統，也出現了不少完全脫離真實星象的術數，如《子平術》、《紫微斗數》、《鐵版神數》等。後來就連一些利用真實星辰位置的術數，如《七政四餘術》及選擇法中的《天星選擇》，也已與假想星象及神煞混合而使用了。

隨着古代外國曆（推步）、術數的傳入，如唐代傳入的印度曆法及術數，元代傳入的回回曆等，其中我國占星術便吸收了印度占星術中羅睺星、計都星等而形成四餘星，又通過阿拉伯占星術而吸收了其中來自希臘、巴比倫占星術的黃道十二宮、四大（四元素）學說（地、水、火、風），並與我國傳統的二十八宿、五行說、神煞系統並存而形成《七政四餘術》。此外，一些術數中的北斗星名，不用我國傳統的星名：天樞、天璇、天璣、天權、玉衡、開陽、搖光，而是使用來自印度梵文所譯的：貪狼、巨門、祿存、文曲，廉貞、武曲、破軍等，此明顯是受到唐代從印度傳入的曆法及占星術所影響。如星命術中的《紫微斗數》及堪輿術中的《撼龍經》等文獻中，其星皆用印度譯名。及至清初《時憲曆》，置閏之法則改用西法「定氣」。清代以後的術數，又作過不少的調整。

此外，我國相術中的面相術、手相術，唐宋之際受印度相術影響頗大，至民國初年，又通過翻譯歐西、日本的相術書籍而大量吸收歐西相術的內容，形成了現代我國坊間流行的新式相術。

陰陽學——術數在古代、官方管理及外國的影響

術數在古代社會中一直扮演着一個非常重要的角色，影響層面不單只是某一階層、某一職業、某一年齡的人，而是上自帝王，下至普通百姓，從出生到死亡，不論是生活上的小事如洗髮、出行等，大事如建房、入伙、出兵等，從個人、家族以至國家，從天文、氣象、地理到人事、軍事，從民俗、學術到宗教，都離不開術數的應用。我國最晚在唐代開始，已把以上術數之學，稱作陰陽（學），行術數者稱陰陽人。（敦煌文書、斯四三二七唐《師師漫語話》：「以下說陰陽人謾語話」，此說法後來傳入日本，今日本人稱行術數者為「陰陽師」）。一直到了清末，欽天監中負責陰陽術數的官員中，以及民間術數之士，仍名陰陽生。

古代政府的中欽天監（司天監），除了負責天文、曆法、輿地之外，亦精通其他如星占、選擇、堪輿等術數，除在皇室人員及朝庭中應用外，也定期頒行日書、修定術數，使民間對於天文、日曆用事吉凶及使用其他術數時，有所依從。

我國古代政府對官方及民間陰陽學及陰陽官員，從其內容、人員的選拔、培訓、認證、考核、律法監管等，都有制度。至明清兩代，其制度更為完善、嚴格。

宋代官學之中，課程中已有陰陽學及其考試的內容。（宋徽宗崇寧三年〔一一零四年〕崇寧算學令：「諸學生習……並曆算、三式、天文書。」「諸試……三式即射覆及預占三日陰陽風雨。天文即預

定一月或一季分野災祥，並以依經備草合問為通。」

金代司天臺，從民間「草澤人」（即民間習術數人士）考試選拔：「其試之制，以《宣明曆》試推步，及《婚書》、《地理新書》試合婚、安葬，並《易》筮法，六壬課、三命、五星之術。」（《金史》卷五十一．志第三十二．選舉一）

元代為進一步加強官方陰陽學對民間的影響、管理、控制及培育，除沿襲宋代、金代在司天監掌管陰陽學及中央的官學陰陽學課程之外，更在地方上增設陰陽學課程（《元史．選舉志一》：「世祖至元二十八年夏六月始置諸路陰陽學。」）地方上也設陰陽學教授員，培育及管轄地方陰陽人。（《元史．選舉志一》：「（元仁宗）延祐初，令陰陽人依儒醫例，於路、府、州設教授員，凡陰陽人皆管轄之，而上屬於太史焉。」）自此，民間的陰陽術士（陰陽人），被納入官方的管轄之下。

至明清兩代，陰陽學制度更為完善。中央欽天監掌管陰陽學，明代地方縣設陰陽學正術，各州設陰陽學典術，各縣設陰陽學訓術。陰陽人從地方陰陽學肄業或被選拔出來後，再送到欽天監考試。（《大明會典》卷二二三：「凡天下府州縣舉到陰陽人堪任正術等官者，俱從吏部送（欽天監），考中，送回選用；不中者發回原籍為民，原保官吏治罪。」）清代大致沿用明制，凡陰陽術數之流，悉歸中央欽天監及地方陰陽官員管理、培訓、認證。至今尚有「紹興府陰陽印」、「東光縣陰陽學記」等明代銅印，及某某縣某某之清代陰陽執照等傳世。

清代欽天監漏刻科對官員要求甚為嚴格。《大清會典》「國子監」規定：「凡算學之教，設肄業生。滿洲十有二人，蒙古、漢軍各六人，於各旗官學內考取。漢十有二人，於舉人、貢監生童內考取。附學生二十四人，由欽天監選送。教以天文演算法諸書，五年學業有成，舉人引見以欽天監博士用，貢監生童以天文生補用。」學生在官學肄業、貢監生肄業或考得舉人後，經過了五年對天文、算法、陰陽學的學習，其中精通陰陽術數者，會送往漏刻科。而在欽天監供職的官員，《大清會典則例》「欽天監」規定：「本監官生三年考核一次，術業精通者，保題升用。不及者，停其升轉，再加學習。如能黽勉供職，即予開復。仍不及者，降職一等，再令學習三年，能習熟者，准予開復，仍不能者，黜退。」除定期考核以定其升用降職外，《大清律例》中對陰陽術士不準確的推斷（妄言禍福）是要治罪的。《大清律例・一七八・術七・妄言禍福》：「凡陰陽術士，不許於大小文武官員之家妄言禍福，違者杖一百。其依經推算星命卜課，不在禁限。」大小文武官員延請的陰陽術士，自然是以欽天監漏刻科官員或地方陰陽官員為主。

官方陰陽學制度也影響鄰國如朝鮮、日本、越南等地，一直到了民國時期，鄰國仍然沿用着我國的多種術數。而我國的漢族術數，在古代甚至影響遍及西夏、突厥、吐蕃、阿拉伯、印度、東南亞諸國。

術數研究

術數在我國古代社會雖然影響深遠，「是傳統中國理念中的一門科學，從傳統的陰陽、五行、九宮、八卦、河圖、洛書等觀念作大自然的研究。……傳統中國的天文學、數學、煉丹術等，要到上世紀中葉始受世界學者肯定。可是，術數還未受到應得的注意。術數在傳統中國科技史、思想史，文化史、社會史，甚至軍事史都有一定的影響。……更進一步了解術數，我們將更能了解中國歷史的全貌。」（何丙郁《術數、天文與醫學中國科技史的新視野》，香港城市大學中國文化中心。）

可是術數至今一直不受正統學界所重視，加上術家藏秘自珍，又揚言天機不可洩漏，「（術數）乃吾國科學與哲學融貫而成一種學說，數千年來傳衍嬗變，或隱或現，全賴一二有心人為之繼續維繫，賴以不絕，其中確有學術上研究之價值，非徒癡人說夢，荒誕不經之謂也。其所以至今不能在科學中成立一種地位者，實有數因。蓋古代士大夫階級目醫卜星相為九流之學，多恥道之；而發明諸大師又故為惝恍迷離之辭，以待後人探索；間有一二賢者有所發明，亦秘莫如深，既恐洩天地之秘，復恐譏為旁門左道，始終不肯公開研究，成立一有系統說明之書籍，貽之後世。故居今日而欲研究此種學術，實一極困難之事。」（民國徐樂吾《子平真詮評註》，方重審序）

現存的術數古籍，除極少數是唐、宋、元的版本外，絕大多數是明、清兩代的版本。其內容也主要是明、清兩代流行的術數，唐宋或以前的術數及其書籍，大部分均已失傳，只能從史料記載、出土文獻、敦煌遺書中稍窺一鱗半爪。

術數版本

坊間術數古籍版本，大多是晚清書坊之翻刻本及民國書賈之重排本，其中豕亥魚魯，或任意增刪，往往文意全非，以至不能卒讀。現今不論是術數愛好者，還是民俗、史學、社會、文化、版本等學術研究者，要想得一常見術數書籍的善本、原版，已經非常困難，更遑論如稿本、鈔本、孤本等珍稀版本。在文獻不足及缺乏善本的情況下，要想對術數的源流、理法、及其影響，作全面深入的研究，幾不可能。

有見及此，本叢刊編校小組經多年努力及多方協助，在海內外搜羅了二十世紀六十年代以前漢文為主的術數類善本、珍本、鈔本、孤本、稿本、批校本等數百種，精選出其中最佳版本，分別輯入兩個系列：

一、心一堂術數古籍珍本叢刊

二、心一堂術數古籍整理叢刊

前者以最新數碼（數位）技術清理、修復珍本原本的版面，更正明顯的錯訛，部分善本更以原色彩色精印，務求更勝原本。并以每百多種珍本、一百二十冊為一輯，分輯出版，以饗讀者。

後者延請、稿約有關專家、學者，以善本、珍本等作底本，參以其他版本，古籍進行審定、校勘、注釋，務求打造一最善版本，方便現代人閱讀、理解、研究等之用。

限於編校小組的水平，版本選擇及考證、文字修正、提要內容等方面，恐有疏漏及舛誤之處，懇請方家不吝指正。

心一堂術數古籍 珍本/整理 叢刊編校小組

二零零九年七月序

二零一四年九月第三次修訂

濟世淺言

本社之出版物

大玄空路透

本書共計八萬餘言專講三元理氣分爲十卷凡玄空五行一切用法及三元九運二十四山向陰陽宅吉凶閱之可以一目瞭然用毛邊紙四號字鉛印裝訂兩册一函每部價洋五元

大玄空實驗

本書共計三萬餘言分玄空實驗書信遊記天星五卷皆實地試驗所筆錄者用毛邊紙二號大字鉛印裝訂兩册一函每部價洋三元

玄空新羅盤

本社爲公開玄空挨星起見特將三元九運二十四各山向之玄空挨星形之盤面可以不用掌訣一目瞭然大小價目另載

天星選吉法

本書正在脫稿一俟告竣卽當出版

奇門飛星圖

本書共計一千零八十圖凡一年二十四節陰陽十八局均可一目瞭然目下正在脫稿一俟告竣卽當出版

混天圖儀器

本圖專用七政四餘用以選吉並以觀察星象每具洋十元

著者談養吾肖像

序

昔子墨子倡節葬之說。以爲古聖王有葬埋之制曰。桐棺三寸。足以朽體。衣衾三領。足以覆惡。及其葬也下毋及泉。上毋通臭。隴若參耕之畝則止矣。且三代葬禮、或七月。或五月。或三月。踰時則不暇擇地與吉日。奈何今之人狃於風水之說。擇地惟嚴。擇日惟謹。往往數十年兩三世不葬者。暴祖父之骨。求子孫之榮。安乎否乎。況曠觀世人子姓榮華者。未必由於祖塋之得生氣。而子姓凋零者。亦未必由於坟墓之有死氣。蓋以即得地形。豈無天理。天理不彰。地道亦不顯。若必拘拘於某山某向。來龍如何。去脉如何。方足爲完善之地。實非眞知地理者也。談君本此主旨。撰成濟世淺言。以告世人。非必厚葬久葬。而以急葬爲孝。無事辨龍辨穴。而以修德爲上。噫。仁人濟世之心。可謂至矣。彼夫窮則獨善其身。達則兼善天下。一旦得志。出斯民於水火。置諸衽席之上。若而人者。其濟世之心。固易於施展者也。又如富者一下箸。貧者十日糧。苟能斥其私貲以營社會事業。或使小民得免饑餒。或使平民自食其力。是富厚之家。用以救濟世人之不足。亦非甚難。至於手無斧柯。又無資財。而欲秉三寸不律。以救正人心。以挽回末運。尤覺難能而可貴。況當此人情奸險。世道衰微。談君能力倡報德種德之說。福善禍淫之理。喚醒世人迷夢。非大有造於世人乎。自今以往。希望求地之人。當知有感必有應。有因必有果。弗專以明動靜。觀聚散。審向背。察雌雄。辨强弱。詳趨避。分順逆。卜旺相休囚。爲得天之運。應地之氣已也。要當問各人心術是否正直以爲斷。閱是書者。幸毋沒談君之一片婆心。穆湘玥。

自序

竊維社會事業。不勝枚舉。凡有一技一能。能表而出之以供於世者皆是也。養吾既無資本設立實業。亦無機會創辦教育。然濟世心切。發忿忘食。惟有將研究心得。編訂成册聊喚社會之執迷。及誤信邪說者。自知堪輿本爲小道。而溯其源流。乃爲我國數千年前之哲學。惜爲後之江湖術士混雜之耳。當今國學暢明之時。特將社會之最切最利者。略爲勸告。以冀能澈底改造。未使非挽救之一法也。閱者諒之。民國十三年甲子季秋。談養吾謹識。

濟世淺言目錄

濟世淺言

三元奇術研究社主任武進浩然談養吾著

●報德歌

父母之德。昊天罔極。三年哺乳。懷胎十月。訓誨成人。乃父之力。自幼及長。
苦不堪說。爲子孫者。將何以適。報德報本。其法不一。承歡菽水。聊盡子職。
馨香俎豆。還是其末。雞豚宰牛。相去懸絕。百年聚歡。形同一息。而今不報。
更待何日。昏定晨省。綿綿不輟。古之孝者。筆難盡述。負米子路。懷橘陸績。
生養死葬。還求其實。爾能孝上。天賦不缺。孫孫子子。輪回百折。一報還報。
天道無僻。誰曰不然。但看霹靂。聊撮數語。力求貫徹。

●求地先種德

語云。福人葬福地。福地不如心地。又云。一德二運三風水。此誠千古最善之格言也。即堪輿書上。亦有求地不種德。穩口深藏舌一語。由此可知福地還從心地來。不能勉强者也。心田既得。則善種必有善果。善果必有善報。歷觀古來發祥之家。莫不多從善果得來。未聞有盜跖之徒。而能得福地者。因因果果。冥冥中自有主宰者在焉。至孝能感天地。至誠能格神靈。天雖不言。四時流行之氣。百物生長之象。皆所主宰也。人能先種其德。則遇事迎祥。吉人自有天相。所謂天相者。乃天使善人以佐之也。有善人矣。則福地可得。先靈可妥。子孫向榮。一若植物然。心蘂既損。則果實難成。根荄既朽。枝葉必萎。自然之理也。竊願世之求地者。先種其德。再求福地。而後心心相印。方能得天地之眞靈。山川之美德。不講道德。而一意妄想福地。既得之也。必復失之。既葬之也。必復遷之。否則其心惶惶然以爲不安也。非地之不吉。乃天地之眞吉。其人不能當也。於是信庸師謊誕之詞。而妄動之遷移之。總之天時地利人和。三者相合。然後能得眞福地。世之多妖逆者。非無福地也。德不能及也。善人多。則到處是福地。到處有天相。福地愈多。則國家愈富强。人類愈優秀。社會愈和平。今則我國貧弱如此。社會顚沛如此。人心惡劣如此。欲求挽回。非無善策。一則先行種德。然後精求吉地。俾天地之靈氣。人人得而向榮之。人人爲社會國家之優秀份子。未使非亡羊補牢之一法也。

●人不可不知地理

地理之道。爲吾人最切身之事。凡生養死葬。均利賴之。住宅之吉凶。關係合宅人口之興替。坟墓之吉凶。關係一派子孫之休咎。語云。不信陰陽但聽雷響。故陰陽之於人生。所不能逃也。今人緣江湖術士之欺世。闢之爲迷信。棄之如邪說。實非徹底之詞。萬事欲求根本。方能達其目的。神煞之如何趨避。吉凶之如何迎拒。胥有一定之道。否則數千年來最古最深之學術。豈一無根據。盡屬謊誕之詞。天文地理。乃我國數千年之國粹。玄妙深奧。代復降代。年以退年。不事求進。有以致之也。能從事闡揚深究之。則有進無退。始有貫徹之一日。人之闢爲迷信邪說者。必奉之如圭臬。珍之若寶筏。而信仰之深。考之不暇矣。天文之學。雖於吾人關係。亦爲切身。然較之地理。尚可稍緩。就事論事。茲先從地理方面言之。人不知地理。則勢必受術士之欺。凡造一宅也。點一穴也。必假手於他人。人以爲吉則吉。人以爲凶則凶。究其眞吉眞凶。本人不得而知也。如舍之而不用。則孝道有所未盡。我心有所未安。表面以爲迷信。心中仍未敢掃除。豈非內外相訟。名實相異。而茫然不知所措也。欲求貫徹。非求自己不可。己以爲是則是。己以爲非則非。吉凶由乎己。趨避由乎己。豈非最樂最快之事乎。且地理之學。較之天文。更覺其易。祇有人指導。不難朝學而暮曉。今昧而明白也。今之所爲地師者。

大都略説之無毫無文學之輩。以此欲求其貫徹得真學文眞智識者。人必以爲難之尤難也。今世道學暢明。百學有進無退。得一學也。必公之於世。學一藝也。必傳之於人。如此則進益求進。普及而備美矣。昔以爲難。必今以爲易矣。昔以爲異。今必以爲尋常矣。怪誕變爲普通。深奥變爲粗淺。由普通粗淺而最求其精細。則真道明而真智識得矣。竊謂人不可不知地理者。全爲貫徹我國之國粹計。爲我人自己幸福計。非教人棄信學迷而造成邪説也。至其地理上一切用法。或則有本有原。或則術士僞造。茲撮其普通家所引用者。一一告之。俾可就正去邪。將來得有暢明之日。亦挽回社會國家之一端也。閲者諒之。

●急葬勸言

唐書呂才傳塟篇曰。春秋王者七日而殯。七月而葬。諸候五日而殯。五月而塟。大夫三月。士庶逾月。此葬有定期。不擇年與月也。今人往往以爲吉期難逢。數年尚暴露不葬者。擴觀郊野。田間舍傍。滿目皆尸棺。或爲蟻所蛀。或爲風雨所飄蕩。入其境也。慘不忍覩。側目而視之。莫不爲之心酸。叩之土人。則皆曰某氏之祖與父也。某姓之妻與子也。再叩之曰。曷爲乎此。曰因無吉地。與吉期也。由此觀之。皆風水執迷之害也。萬事當求其中庸。過又不可。不及又不可。今世社會事業發達之期。一切風土。均有人倡改革之詞。路政也。市政也。教育也。工業實業也。數其已行改良者指不勝屈。獨於陰陽一事。尚未及此。祗倡闢除之言。而無澈底辦法。欲求改革。仍綦難也。鄙人楚識文詞。非敢博求聲譽。聊以經驗所得。以公於世。並爲社會之倡。願世之同志及有心改革者。共鑒之。茲將急葬辦法。分列於次。

（既厝之棺宜急葬也）我國風土。到處不同。或先葬以棺後改葬塔。或先厝後葬。均用棺木。或用火葬者。惟其最不堪閱目者。厥惟暴露尸棺之處。凡人之初死也。生氣雖已絕滅。而其靈氣尚存。若乘其初喪時。以之入土。一接地脈之靈氣。則生氣仍可不絕。若暴露日久。則生氣絕滅。即以之入土。猶恐難於復生。如植物之接氣然。乘枝苗初剪時移接他枝。則猶可以生。剪之日久。則萬難生長矣。吾願世之暫厝者。急將其祖與宗之棺木。從速入土。以妥先靈。至其吉期之選擇。按照楊公天星法。無日不可用事。毫無神煞之有。所謂神煞者。皆術士之言。亦干支之所係。絲毫無所干涉。萬勿令祖宗之枯骨。久久暴露。此急葬之事。不可不尚也。

（初喪之棺宜急葬也）凡初喪之時。無錢者類皆急葬。經濟稍餘者。往往遴選吉地與吉期。以致厝而不葬。使已死者之枯骨。久暴於風雨烈日之間。爲子孫者。但知求樂利。不念先靈之痛苦。一若忘其所以。往往當其祖若父生存之時。恭奉甚孝。既沒之後。徒知宰牛之祭。不念遺骸之苦。殊失本意。此無他。皆求福之心太過。迷信風水之事太執也。不知凡人之死也。已入於陰。當取入土。以承陰靈。則雖死猶等於生。祖若父之陰靈。尙寓樂境。子孫不失爲孝道。世之徒知哀號痛泣。而不令其入土者。諒可知其痛苦矣。鄙以爲初喪宜乎急葬者。質此之由也。今普通血喪。取三日或五日或七日而葬者。乃最善之法也。

●葬不求榮說

葬者藏也。人當生存之際。氣附於形。靈附於精。既死也。則無其氣。并無其形。祇有其靈。靈則尙飄渺於陰冥之間。入土以葬之。則靈有所附。魂有所歸。不在乎壙之雄壯美麗也。著之土而已矣。今之富戶。及中上之家。往往建一墓也。必化以數百金或數千金。工程計數月。或數年不等。此非孝之本意。徒耗金錢。徒佔土地已也。人之生也。能求流名於後世。不與草木同腐。既死也。但得寸土以坏之。塊石以紀之足矣。使後世子孫。得按跡可覓。不失響音之祭足矣。古人云。焚之亦可。沉之亦可者。此其意也。竊願世之營此者。以其榮葬之金。移之於哀黎之窮民。賑之於水旱之土。其功德較乎磚石之虛榮。不啻霄壤之別。急樂而爲之。與乎流名於後世。無以異也。茲將土穴與石穴灰穴等之利害。分述於左。識者其亦以爲然乎否乎。

(土穴之利)萬物土中生。萬物土中滅。人之生也。無土無以能著足。無土則無以養身。既死也。無土則靈不附。離土則魂不歸。萬物得土則生。失土則滅。不特人類然。觀乎草木可知矣。未有離土而生於石中及砂灰中之草木者。以之著土中。則生氣易得。變化最快。日以燻之。雨以潤之。勃勃然未有不興起者。莫謂著土則易腐易滅也。人之喜於榮葬者。類皆緣於此。不知榮之反以害之。歷觀古來榮葬者。其子若孫。未必能千古不絕。與土穴者比。無以異也。究其發地皆出於土穴。非出於石穴灰穴也。此土穴之利。於此可見矣。吾人往往有葬土穴發而繼則改用至堅至固如石穴。或較堅於石穴。即敗者。此失土之證也。其利害不言而喻矣。

(石穴灰穴等之害) 石乃地之骨。土乃地之肉。經云。葬骨不離肉。葬肉不離血。是也。石本爲地質之最堅者。然堅而不化。離天然之生氣。則已變爲絕物。未聞有已出土之石。而復能生長者。今人畏枯骨之易腐。特營石壙石穴及灰土等等。以冀千古不朽。謬矣差矣。一以石及砂灰土敏土等等。堅築土中。則土之生氣。完全隔閡。既死者之陰靈。將置於生氣絕滅之境。欲求其靈氣難矣。不知人之生也。一行一動。全係乎形骸。及既死也。則棄其形而存其靈魂。不拘拘於軀殼之腐與不腐。存與不存。全憑一點之陰靈而已。靈寓於此則此。寓於彼則彼。故在此而祭。則祖若宗之靈格焉。在彼而祭。則祖若宗之靈亦格焉。雖隔數千里。亦能蒞至。非真蒞至也。乃一點至誠而已。孔子曰。祭如在。祭神如神在是也。故人既死之後。營以墓形者。不過一軀殼之紀念品耳。世有葬鶴葬犬而得山川之靈者。拜他姓之墓而亦得顯揚者。乃天地山川之靈。我敬之則附於我。彼格之則屬於彼。乃天地化生之妙。陰陽消長之理。其於墓形之表面何益哉。世之昧於榮葬者。可以知矣。

●翻尸覆槨戒語

普通者之心理。莫不求祖宗得一吉壤。以冀子孫向受幸福。爲堪輿者。專事求利。不講道德。迎合營葬者之心理。橫加測度。見一墓也。曰如何不吉。如何凶險。非改遷不可。於是翻尸之風尚矣。往往有隔數十年。骨已腐爛。猶從事遷葬者。掘而視之。則遺骸慘不忍覩。或將其未腐者之半而遷之。已腐者。則無法可以手拾。只得棄而遺之矣。其子若孫。不顧冥中之顛沛。

徒求表面之可觀以爲舊塋之地毫無遺骸矣實則新扞得其半舊葬處尚留其半多寡不等。以良心上推測於心亦有所不安若粵閩等省先葬以棺後改用塔、其骨雖不至遺失而翻尸弄骨已不可掩此風亦宜漸革且如人之居處然今日居於此而明日移之尚告不安。況於已腐之遺骸乎已死者雖不能言而試以之思及自己將來其子若孫以我枯骨東搬西移我心安乎否乎必皆曰不可也語云入土爲安則已矣有何遷移之有凡人之禍福及榮辱半由人自爲之雖墓宅不無影響而趨避之法仍由於人即墓宅吉利而人日事蠻橫欲求其不顚仆難矣即墓宅凶惡而人日事修養及積德則禍無可入尚能向安全之福亦一定道也茲將鄙人目覩及耳聞者略舉一二以告可以知其利害矣。

鄙人幼時當課讀之餘與諸同學恆作郊野遊見鄉人多數聚集者輒往觀之一日時已中午某姓正在遷墓各工人圍集而觀遂往焉見自土中掘出之棺已成灰木不堪移動傍置一新棺工人正將朽木移開將枯骨搬置新棺中骨形灰黑色臂骨及腿骨尚可取拾惟其餘小骨已無餘存盡變爲泥土矣見有枯髏一具未經工人動取時尚有眼孔鼻孔及牙齒等形狀工人以兩手捧之離棺未尺許頓時破碎如粉矣觀者咸爲酸心工人遂將其碎粉

聽聽堂藏版

之骨。逐一移置新棺中。約一小時拾畢。然一觀新棺中之枯骨。已不成形式矣。遂掩棺而移埋新阡處。舊葬之地。不問其遺骸之有無。各工人持耒耜而平之。仍爲耕種之土地矣。由此觀之。翻尸覆槨之舉。實於人心有所不忍。爰記之以爲當事人之戒。想此等事。不特鄙人所見。他處類此者比比也。爲人後者。急宜戒之也可。

又聞某氏遷墓。時值陰雨。路途泥濘。舉步惟艱。其日將已埋之舊棺掘出。復用多數工人。抬至新阡處埋葬。棺木久置土中。已滿棺水浸。其重量不下數千斤。正行間。扛木不置。頓時折斷。棺木傾覆於地。工人受傷者不少。後改換新扛木。重將棺木翻身。復抬至新地葬之。不數年。其家顛倒靡常。人丁衰弱。較之當年遷塚時。已不啻霄壤之別矣。由此以想。當時傾棺覆槨之際。其中枯骨必倒亂無已。或頭在脚處。脚在頭上。一定道也。誰謂翻尸弄骨爲無罪者。余不信也。古人常諄諄以爲戒。非無意也。愼之愼之。

●改造公墓之必要

我國一切內政。改造者已不勝枚舉。惟於公墓一事。尚未倣行。有之。惟通商大埠一二處而已矣。擴觀我國地廣數千里。人多數萬萬。田疇交接。隆隆而起者。十之二三。皆墓地也。一經築墓。則寸草不生。等於不毛之區。以全國一年計。佔地若干畝。年復一年。土地日見其促。物產日見其少。以致生計日短。非無因也。泰西各國。均有公墓之提倡。其深謀遠慮。誠可嘉也。養吾去年曾有創設改造公墓大會之籌備。因茲事體大。未果行。後來有會。尚擬發起。今則我國人數如是之多。不知急起直追。徒呼窮困流離。而今而後。其將何堪。竊爲公墓之改造。不可不尙也。或爲改造公墓。則風水無法可講。非也。凡關公墓之地。可擇山清水明。爲該處最適宜之地而建之。一切修理及規模。仿照泰西條例。從事整頓。經濟擴充者。則擴而大之。大以成大。小以成小。試行一處或數處。俾人觀瞻。有條有理。然後爭先恐後。均以願入公墓爲快。較之田角河畔。其規模爲何如。紀念爲何如。凡個人墓地。往往不數十年而即磨滅者。一有公墓。則雖數百年而猶存。尙雄偉可瞻。其曰公墓爲不善者。吾不信也。此事關係體人。渴望掌內政及地方主權者。急設法而提倡之。其於社會大有裨益。企予望之。茲將改造公墓後之利益。分列於後。

(一)有公墓則可免一切俗忌也　凡陰宅既建之後。必有種種俗忌。其各地風俗。類皆不同。記其詳情。筆難盡述。每一不愼。易犯諸煞。必至凶禍頻頻。既入公墓。則埋葬及修建均有一定之規則。一舉一動。不合時宜者。必漸次而能改革之。即一切迷信之事。亦可從此而闢除。所謂不闢而自闢。不興而自興者此也。

(二)有公墓則可保全墓樹墓碑也　我國人烟稠密。良莠不齊。風土較善之地。墓樹墓碑。尚可保全。若風土較劣之區。勢必纖些無餘。即僱人看管。年久尚恐難保。此我國普通之風氣也。欲求保存。惟有開闢公墓。乃可。凡通商大埠。既立公墓之處。栽種及保存。均有一定規約。無人或敢稍損。並有專員看管。故樹密陰濃。碑記森立。未聞有人毀壞之者。欲求永久。惟此為尚。

(二)有公墓則可減省地畝而多出產也　我國墓式。到處不同。大都以貧富為次等。富者建一墓。地動輒數畝或十數畝不等。中下之家。或畝許或數分不等。徒供瞻觀。毫無裨益。有公墓。則一墓之地。必有限制。即富者貧者。不能妄佔寸土。以全國計。年可省地若干畝。物產於是乎可增。國家經濟。或可稍餘。此有利無弊。急宜興起者也。

●說說風水

風水一名堪輿。又名陰陽。其判斷吉凶。均根據八卦干支五行生尅。是為三元法。又有用遊年長生黃泉八煞者爲之三合法。又有用符咒及其他異術者。種種怪誕。不勝枚舉。總之皆術士僞造之事居多。所可取者。惟三元八卦之玄空五行而已。其法全本易理。惜其訣秘而不宣。外間所傳書籍。殊不多見。即有之。亦玄妙深奧。非略有門徑者。不能窺其顚末也。尤怪者。庸夫俗子。向未聞玄空爲何物。尙毀其爲僞造之事。抱濟世之心者。滿口鮮血。告之同人。所不知也。鄙人不憚毀謗。本我所旨願。將已知各秘訣。編著成册。以公於世。去年特刊大玄空路透書一部。風行於世。今則復將玄空飛星。製爲新羅盤一種。復將玄空復舊實驗。及各社友研究往來函牘。並至各地實驗遊記。編訂成册。名曰大玄空實驗。再公同好。將來擬取天星選吉及奇門陰陽十八遁。一千零八十圖等等刊印。以符公開之旨。聊濟社會之顚沛。江湖之欺人。至風水上一切用法。門類繁多。不勝枚舉。或則專講巒頭。或則專講理氣用者大都知其然而不知其所以然。茲將其最普通最合用者。略舉一二。俾有志研究者。可循序求進。稍得門徑。執迷邪術者。可就正軌。得辨取舍。至其深奧之秘。別册披露。殆盡茲不贅述。今世哲學暢明。有以上公開諸書。亦可藉作研究。以求澈底改造。追窮其所以然之理。俾執迷者。漸移默化。江湖術士。稍可斂跡於社會身心。一舉兩得。竊願世之明達者。急起而直追之也可。

（山向）凡陰陽宅。均有山向。後者爲坐爲山。前者爲向。如朝正南住宅。即爲坐北向南。地理上即爲子山午向。正東住宅。即爲坐西朝東。地理上卽爲坐酉向卯。即酉山卯向是也。地之方向。共分二十四山向。以八卦干支分配。西北爲乾卦。戌乾亥三字繫之。正北爲坎卦。壬子癸三字繫之。東北爲艮卦。丑艮寅三字繫之。正東爲震卦。甲卯乙三字繫之。東南爲巽卦。辰巽巳三字繫之。正南爲離卦。丙午丁三字繫之。西南爲坤卦。未坤申三字繫之。正西爲兌卦。庚酉辛三字繫之。凡陰宅陽宅各山向。均照此二十四方向定之。

（元運）堪輿推算法。共分三元。上元六十年。中元六十年。下元六十年。今年甲子年。爲中元甲子第一年。三元共成一百八十年。一元又分爲三運。每二十年爲一運。上元坎卦旺二十年。爲一運。坤卦旺二十年爲二運。震卦旺二十年爲三運。中元巽卦旺二十年爲四運。中央旺二十年爲五運。乾卦旺二十年爲六運。下元兌卦旺二十年爲七運。艮卦旺二十年爲八運。離卦旺二十年爲九運。下元既終。則復爲上元。仍起一運。周而復始。千古不易。

（神煞）所謂神煞者。乃陰陽家最凶之物。一經犯之。則凶禍立至。故風水一時名爲可鬬。

而實際上仍必行用者。半由乎此。若神煞一物。能研究其所以然、則或可澈底改造。其最大者。名曰太歲。十二年一周。以十二支爲表準。今年民國十三年甲子。則太歲在正北子方。明年乙丑。則太歲在東北丑方。太歲所在之方。切不可動土造葬。其次即爲年三煞月三煞。以三合五行爲本。與三合五行相反者。卽爲煞方。如今年子年。申子辰水局。則煞在巳午未火方。明年乙丑年。巳酉丑金局。則煞在寅卯辰木方。年煞則一年在此不動。月煞則一月在此不動。修造動土等事犯之。則年內月內凶禍立至。其次則爲年月五黃。其推算法。卽上元甲子起一白。中元甲子起四綠。下元甲子起七赤。入中順飛。輪值五字之方。即爲年五黃、子午卯酉年。正月起八白。寅申巳亥年。正月起二黑。辰戌丑未年。正月起五黃。入中順飛。輪值五字之方。即爲月五黃。其次即爲歲破。卽太歲對沖之方。如今年甲子。對沖午方是也。又名七煞。由太歲數至歲破爲第七。故名七煞。其他普通者。如戊巳都天。丙丁獨火。金神七煞。年月官符。大小月建等等。歷其全數合計。不下數百種。或由干支而出。或由術士臆造而出。幾乎無地不有神煞。無時無方不有神煞。一若一舉一動。均受其管轄。此實爲古之堪輿家所臆料不及。莫怪今之明達者。闢之而不談也。鄙人研究陰陽。而不爲陰陽所迷。擇其最要之一部份。尙列之書册者。乃從俗耳。並冀後之哲學者。能澈底改造也。

（玄空）　大玄空顚倒三八之理。實爲三代以上最古之法。竅唐一行國師後。改用遊年。迄今數千年。幾無人能道破之者。經云、顚顚倒二十四山有珠寶。翻天倒地對不同其中秘密在玄空。識得父母三般卦。便是眞神路。一部辨正處處含玄空顚倒之秘。惜其挨排用法均未道破。惟坤巨乙巨門從頭出數語。略露挨星秘旨。實則路路有巨門路路有破軍。非拘於坤壬乙與艮丙辛也。其餘一切用法。已詳載三元路透。及實驗各書册。茲不贅述。

●三元奇術研究社入社章程

宗旨　本社以救濟社會提倡國學闡揚玄妙爲宗旨

定名　分上中下大三元兼研究天星奇門選吉各法故定名爲三元奇術研究社

入社　凡有志斯學者不論年限均可入社

研究　本社一宗蔣氏章氏溫氏諸家秘法說明大玄空飛星及其他對於三元上應用各法

課目　分函授面授兩課保證學成

納費　函授課每月收研究費洋兩元面授課加倍研究期限聽社友量力自定之

報名　如有志研究者於接到章程後五日內將志願書及書籍費社費等寄社本社即將秘書寄奉作爲開始研究之期

書籍　凡對於研究上應用各書籍均由社友自備本社爲公開起見特出大玄空路透一部價洋五元大玄空實驗一部價洋三元以作社友研究之用

優待　凡入社社友對於陰陽各宅有所相卜及選吉者除川資外酬資一概不取

試驗　分函試面試兩種函授各友可就近擇定舊墓舊宅註明形勢及造葬年月寄社面授各友就近擇定地點實地試驗

義務　本社爲便利社會起見並代各界相卜陰陽宅及代選吉期酬資不計

通訊　本社爲救濟社會起見特設通訊批卜部凡各界如對於陰陽各宅建築或修造一切事宜均可向本社通訊問卜筆資及郵費不計

社址　上海新聞路北成都路祥安坊七百十六號

附則　本社於壬戌年成立迄今數載各省入社研究者合計不下數百人本章程有未盡

善處隨時修改

●本社成立後之各報記載

穆藕初先生介紹啟事　一切人事。窮通得失。變化萬端。幾於莫可究詰。然自道眼觀之。莫不有線索可尋。一施回天之術。立能扭轉乾坤。再造命運。精其術者。管郭楊曾而後。代有奇人。然大都抱道養晦。非時不現。非人不傳。但世多僞學。肆其筆舌。妄行撰著。多逾百種。遺害人間。甚於洪水猛獸。前清初葉。雲間蔣氏。得遇異人。道眼大開。後著有地理辨正。力障狂瀾。厥後錫北章氏無心道人。得蔣氏傳。富於實驗。闡發尤多。成爲曠代作家。章氏心傳。再傳而及談養吾先生。先生德高學粹。得斯道後。立志濟世。設社講學。廣接有緣。並於餘時方便大衆。力謀百業之發展。羣生之利賴。凡陰陽二宅。覆舊開山。詳爲推算。妥爲安置。贈例本埠酌送。外埠面議。貧苦不計。藕初相知有素。深佩高明。爰敢登報以廣介紹。談養吾先生現寓上海新閘路北成都路祥安坊三元奇術研究社。凡有志斯學。及有所請求者。請前往接洽可也。

三元奇術研究社出版消息　我國三元古學。向未有人公開。亦未有人研究。茲聞武進談養吾君。精參古學。曾於去夏。在滬設立三元奇術研究社。於北成都路大王廟左近。迄今年餘。社員頗形發達。各省名流。入該社研究者頗不乏人。今將古人各項秘訣。及其研究心得。編訂成册。從事付刊。定名曰大玄空路透。以供入社者之研究。聞陰曆十月初十日。可准期出版云。

（癸亥九月二十七日上海各報）

三元奇術研究社近訊　三元奇術研究社。係專研究大玄空易理。及對於陰陽各宅。修建等事。創辦至今。已有三年。聞內中社友。已有五六百人。社長談養吾。特將古來各秘訣公開。曾著有大玄空路透書一部。去冬出版。各省人士。到滬購取者。甚形發達。聞該書如湘當局趙。及渝參謀穆等等。均為見賞。談氏為救濟社會計。曾經滬當局之勸。並以公暇。從事應世。往來於江浙一帶。甚為忙碌。刻又按諸心得。特製有大玄空新羅盤天池。廣大應用便捷。為千古未有之創置。不日即有發售云。

（甲子四月初三日上海各報）

三元地理大玄空家過甯　太玄空之法。根於易理。自蔣大鴻章仲山以後。鮮有能知之者。惟武進談浩然先生受章氏嫡係之傳。獨得其奧。故批卜陰陽各宅吉凶。無不應驗。如神。並於上海新閘北成都路。創立三元奇術研究社。藉以闡揚國學。披露玄空眞訣。因是入社就教。通函求學者。不乏其人。頃先生受合肥李氏之聘。於月之念三日蒞寧。至南門古里村。爲其卜葬。余訪諸旅次。聆其所談。確有根源。九運天心。瞭如指掌。淺於斯學者。未可以小道忽之也。

（甲子四月二十八日南京南方日報）

●大玄空出版後之各方來函

蘇皖贛巡閱使公署秘書王煦莊先生來函　浩然先生左右。久欽道宇。因雲波修阻。未獲瞻韓。景企之私。時殷夢轂。昨承賜片。諭知先生抱道自重。藏之名山。傳之其人。非以書相市焉。尤深企仰。尊箸大玄空。同志均欲研究。苦乏明師導引。茲以先覩爲快。特奉寸牋。並備銀幣兩員。非敢言價。椎魯不學。疑難必多。尚擬備贄求教。想爲大君子所不吝也。素以先人邱墓未安。恐爲尋常地師所愚。故不憚一涉其籓。務希即賜書一部。即交來人。無任盼禱。同志亦多耆年有德者。非炫此以自鬻也。耑箋布奉。祇頌道祺。

黔軍總司令部少將參軍夏鉞青先生來函　浩然先生道席。不親法教。幾閱月矣。每憶高風。不勝瞻仰之誠。時以俗事羈纏。不克承教。深爲悒悒。復辱下賜三元路透一書。昕夕吟誦。不忍釋卷。昨過漢皋。不意爲友人要去。今付闕如。來滬時趨潭道謝。意擬再求賜給一冊。專此鳴謝。并頌春禧。

蔣觀雲先生來函　浩然先生鑒。前往遊山。忽忽已過中秋。計日一月餘矣。昨返滬。寓卽維先生安健迭吉念頌念頌。見登告白。預約大玄空。知此書已決付刊矣。不勝欣喜。始歸忽冗。不及一一。順頌台安。

江蘇省議員陳性海先生來函　養吾先生大鑒。回南檢得尊著大玄空路透兩冊。立說淺顯。指謬周詳。讀之令人猛省。飛星一道。聚訟千年。非得三易爲之基。實無判斷之能力。讀歷史五行志及星曆各書。矛盾之處。爲之啞然、足下以河體洛用。二八易位。詮義著用。排布九運用神。則衰旺生死。顯然可見。百家門戶。一掃而空。洵足爲治易之助。竊嘗謂地圓之說。發明於四千年前。一六共宗。一九同用。卽是足下以卦無定體。運隨時遷。亦得此意。弟羈居省會。不克時相過從。下星期可返申。願與足下商榷一切。當不我棄。手此奉佈。卽請撰安。

尤雪行先生來函　養吾社長先生任鑒。先生救世心殷。宣示玄機。使好學而有緣之士。得尋出自立立羣路線。此功此德。實無邊量。但末世人心汚濁。奸人得之。適以濟奸。嚴定限制。實屬至要之舉也。前日介紹之張生。人極篤厚。不善與惡社會相周旋。且性屬狷潔。而薄有家貧。有緣得此。以自淑淑世。實爲其人萬幸之事也。此上即頌社務日就開拓。並祝撰祉。

●堪輿者之責任

良醫濟世。古有明訓。實則堪輿之道。與醫相爲頡頏。古語云。人不可不知醫。人不可不知地理。今世醫學日進。而堪輿之學日退者。因學醫者類皆經濟之才。學堪輿者類皆略識之無之輩。兼之江湖術士。混雜其間。世風日下。不知道德爲何物。爲人卜地事。同兒戲。一意以賺錢爲目的。妄事亂談。當事人大都以耳爲目。易爲動聽。不知堪輿乃孝子仁心之事。處處以心田爲主。當以他人之事爲已事。須處處周到。不畏艱苦。不懼跋涉。有纖些不妥。即當另尋別地。所謂目到、足到、心到。三者並全。方爲完善。諺云。庸醫誤一人。庸師誤一門。於此可見其責任之重要矣。

濟世淺言終

民國十三年甲子季秋付刊

本社啟事

（一）本社爲集思廣益闡揚玄妙起見故將各法盡數公開海內明達者不乏其人能將名師原稿見賞互相研究尤爲歡迎

（二）本社出版各物外面並無分售寄售各界如蒙見賞請逕向本社接洽可也

樂與人同

著作版權　武進浩然談養吾

發行　三元奇術研究社　上海新閘路北成都路祥安坊七百十六

代印　東方美術印刷公司　上海山海關路南興坊一百十七號半電話西一六三七

民國二十五年仲冬付印

民生叢書

打開一條生路

談養吾著

海白克路登賢里八十二號發行

猛進

匹夫之責

作者肖像

自序

新生活。舊道德。二而一也。繫之以新者。乃潮流之所趨。時世之所歸也。本編曰打開一條生路者。亦繫之以新生活。舊道德也。新生活無限。舊道德無盡。時世變遷。道德淪亡。已至於極。人心不古。由漸入衰。亦至於極。今者復興之兆方起。强富之基永固。欲圖社會之安定。舍從各個人自身修養起。不爲功。有力者盡力。有志者盡志。各盡其各個人之能力而爲之。方於社會國家。兩有裨益。愚者一得。智者一失。爲人情之常。萬事萬物。往往有可爲而不爲。有可成而不成。坐失機宜者。不知凡幾。有可爲而不爲。有可成而不成者。不盡心不盡力。有以致之也。人人能在無法中求有法。無路中求有路。事雖不可成而必爲。事雖不可爲而必成。勇往直前。埋頭苦幹。此之謂打開生路。編者心有餘而力不足。願我全國同胞群策而猛進之。生路無盡。富强無限。有厚望焉。是爲序。

民國二十五年冬江蘇武進談浩然養吾編於申江三元社

例言

一本書一本新生活自救救國。內修外攘。匹夫有責之志着意。

一本書分統論、國家、社會、家庭、四章。每章十六節。合計六十四節。

一本書不求文詞之精粗。力求能躬行實踐。以利社會。

一本書各節。均從無法中尋出有法。故定名爲打開一條生路。

一本書完全贈送。不取分文。聊盡個人之天職。凡有利於身心社會者。不勝枚舉。還望有志者。擴而大之。

打開一條生路

江蘇武進談浩然養吾著

●統論章

第一節

自古以來。萬百事業。欲求進展。非打開一條生路。不能收效。凡國家社會家庭教育農工商學百業。無不皆然。卽人類與萬物。互相戰爭。互相利用。亦無不皆然。當今之世。人物之猛進。爲有史以來所未曾有。打開生路。尤爲當務之急。人爲萬物之靈。爲千古以來人類戰勝萬物之鐵證。人類與人類之戰爭。尤爲有世以來最密切之關鍵。此關不急打開。不免甲類淪於乙類。同類相猛進。尤未有急迫如當今之世者。所以打開一條生路的策略。實爲今世自救救人之最要方略。以之治天下而天下平。以之治國而國富。以之治民而民强。以之齊家而家齊。家齊而後國治。國治而後天下平。勢所必然也。此無他。因勢利導之而已矣。語云識時務者爲俊傑。以俊傑之人。爲能依時世之須要而利用之也。能因世而利用之。則卽打開一條生路之口號是也。時世已急迫矣。人人要打開自己的生路。再打開國家社會之生路。人人爲識時務之俊傑。勢可以自救救人。自強強人。不爲同類所摧殘。而更可以利導夫不猛進之同類而利導之。俾同類同登於袵席。互助互進。而世爲互有之世。國爲互助之國。不爲同類偏面之煎燃。偏面之淩虐。舍打開生路沒由。世有以公凌弱者。猛進與不猛進之分也。在能打開生路。與不能打開生路故也。萬事萬物不猛進。勢必陳腐。猶流水與戶樞然。停滯則臭。不動則腐。可爲殷鑑。故不進則退。不退卽進。因循與守舊皆退也。改良與識時務皆進也。退易而進難。退於不知不覺之間。進於劍拔弩張之際。求進而反退者。雖一時之退。不失爲進也。終有上進之一日。不求進而牢守成規者。雖一時不覺其退。而終必於腐敗也。能於未退已退之際。而打開生路一條而進取之。或用智力。或用實力。雖百折而不回。所謂艱難者。成功之母是也。百勤而有一懈。卽兆已退之萌。百懈而有一勤。非可謂進取之路已達。勢必事事惟恐不勤。事事惟恐不進。則求進之道得矣。自古聖賢豪傑。皆出於草野之家。辱國敗家者。皆富貴之子。乃其明證。吾人欲求自己之生存。卽求社會國家之生存。無損於人有益於己。乃爲打開生路之第一規約。能如是。乃可以求進取。乃可以言生存。

第二節

人之所以爲人者。以天字上一爻象天。下一爻象地。介於兩大之間者。惟我人類。故天地間上下四傍。布滿六合者。皆人也。故世界爲人類之世界。雖有萬物。皆生而爲人類所使用。而人與人之間。必勢均力敵。乃可以成世界。以人之象形言。一撇一捺。似彼此相爭。其實互相支持。互相維繫。方可以成人。其相爭也。勢所必然。互相維繫也。亦勢所必然。故有史以來。人類愈戰爭。事物愈進化。理莫能逭也。撇長則捺短。撇弱則捺强。相倚而相需之。乃能成人。不相倚不相需者。爭鬬由此興。强弱由此判。天下者。非一人之天下也。人字爲撇捺兩筆。以之言一陰一陽。一男一女者可以之言一左一右者亦可。即以之曰東半球與西半球黃種與白種也。亦無不可。故一天一地之間。萬無一人獨霸之理。明乎此則互助之理明。相倚相需之道益彰矣。若人而欲獨霸一世界。併吞全球者。違天地之道。造化所不許。人類所不容。勢所不能。理所不然也。今而後人類有夢想上述情形者。急醒而改從相濟相需互助互愛之途也可。

第三節

凡人類所作爲皆曰事。有對於個人者。有對於公衆者。總之運用萬物。代天宣化者皆事也。人類愈進步。事物愈發達。古之制禮義重廉恥。乃事律也。人與事不可須臾離也。有人而無事。則勢不能成社會國家。按事字象形。上爲十口。下爲爭字作底。可見一人爭先恐後。至於十百千萬人之爭先恐後。而後成事。事之相爭先。則事物無窮。爭人之長。改己之短。則善。反之則成惡。事之始。始於靜。由靜而致動。始發於個人。而後及於社會國家。有動有靜。有大有小。各隨其各個人之心思能力而爲之。有規約。有路徑。越規行動。越俎代權。則爲多事。循規蹈矩。按步就班。則爲成事。須從正當方面打開生路。若失去規約。必至破壞。甚至羅於法網者。皆事也。故繫之以教育。純之以法律。人事愈多。教育與法律愈繁。故人事隨時世而產生。教育與法律。亦隨時世而增益。能產生。能增益。則爲之進化。愈進化。愈產生。方可以利導社會。鞏固國家。故事不嫌其繁冗。惟慮其不規約。事不嫌其艱苦。惟慮其太簡忽。語云。成則爲王。敗則爲寇者。在乎審愼於毫髮之間耳。順逆之分耳。同爲一事。同此心力。判若冰炭。洞如觀火。惟基之於當局與傍觀耳。晰之於一動一靜耳。事當已動未動之際。能以寧靜之態度而應付之。則不患其不密。能以時世爲標準。則萬事不患其不周。凡遇委靡不振之際。宜以剛健中正之氣。打開路徑。百折不回。有其志。而後不患其不成。故世之英雄豪傑。莫不自孤苦艱難中來。始堅而終成。未有鹵莽滅裂而能成事者。先總理以知難行易爲訓。古聖人以先難後獲爲教。志既立。事在必行必成。僕謂萬事須從打開一條生路着意者。以無法中求有法。無路中求有路。事雖既成。溯其初始。無不皆然。世無此事而竟成其事。世無此物類而竟成此物類者。皆從無法中無路中產生。非有始卽有此事卽有此物類也。易曰。太極本無極。無極而太極者。亦始無而終有。有生於無。無成於有之意。於無事中而求出有事。竟至於成。是爲上人。於有事之中而成其事。是爲中人。於有事有物之中。而竟至於無事無成者。下人也。語云。事在人爲。的爲千古明訓。人能作爲則事有。人不作爲則事無。作爲而合法則成。作爲而不合法則不成。人物無窮。於事亦無疆。人人事事。是爲原事。

第四節

天地曠廓之氣。一陰一陽之爲道。上下相需而生萬物。人爲萬物之一。而爲萬物之靈。爲其能運用萬物也。萬物各有所使用。各有所相需。各有使用。各有相需。而各成其爲物。而可爲人所使用。爲人所相需。萬物相使相需無窮。而人用之可無窮。而人用之無窮者。天地自然之氣。自然之理。而人之所以能代天宣化也。物有自然之。人造之之分。自然之物。相需於天地自然之氣。人造之物。相需於人之智力與實力。有運用萬物而成一物者。有運用一物而成數物者。天生物爲人使用。物使人。爲人養生。天生物無窮。人使物無盡。易所云物物一太極是也。初無此物而今有之。今無此物而將來竟有之。人之智力無窮。物之發明無量。人能發明而成向未曾有之物。非從打開生路而何。生路無窮。打之不盡。打打打。是爲原物之原物。

第五節

人類賴以生存。爲能立身齊家治國者。爲有事業也。大以成大。小以成小。隨時世年齡。及各個人之心思學力而爲之。人之進化無窮。事業之開展無量。立已立人。胥賴乎是。蠶吐絲。蜂釀蜜。事業也。物類如此。何況於人。衣食住爲人生三大要素。而事業與焉。故立身於世。必有事業。而事業之門類。不勝枚舉。事業之產生。亦不可勝計。初本爲已。而後及人。個人創之。而公衆享受之。農也工也商也學也無非爲已爲人。爲已多。爲人亦多。爲已少。爲人亦少。個人事業。進而爲社會國家事業者。比比皆是。然有進必有退。有古代有此事業。而今世反無者。有現在雖無此事業。而將來竟有此事業者。古有而今無者。退化也。現在無而將來有者。進化也。古有之而改良之。今有之而加意發明之。皆進也。改良與發明。無非從打開生路得來。打開即開拓之意。萬百事業。人人能從開拓方面進行。則不患其不發明。即今之電學與航空學。皆古無而今有。亦皆從打開生路得來。即是水蒸氣與望遠鏡之發明。起於毫茫。成於萬古。事業之起點極微。成功之效能甚大。由咫尺而布滿全球。由個人以及公衆。益已利他。福國惠民。其起原皆從腦海中產生。故腦海者。事業之母。人生之機括也。打開機括。事業必發。理勢然也。

第六節

生路。即別開生面之一道。亦即新生活之一道。萬事能別開生面。自然道道是路。然路有美惡邪正之別。擇其善者而從之。其不善者而改之。即爲之生路。反之即成死路。路而曰生。自然處處通行。無往而不利。無處而不生。開之拓之。實爲養生之道。西人嘲我曰痞獅。無非事事退化。有路而不知開拓。痞而不醒。雖生猶死。深堪痛心。上古之我。與現在之我。同是一我。而何相去若是。古之開拓家與發明家。不勝枚舉。今何一守成規。可進而不進。不進則不免於退矣。當今之世。人類進化。捷如電掣。望塵猶恐莫及。奈何可不問不聞不見。而不急謀打開一條生路。以應世界之潮流。而圖我自己之生存。與世界人類永謀共同之生存。今者。强隣虎視。外患內憂。迫不及緩。大難臨頭。未有切於此時者。天然之生路。佈滿乾坤。不問者必問之。不聞者必聽之。不見者必見之。生路自然來。不特保夫領土之完整。且可開之拓之。與淩我者相頡頏。且駕而上之。由我保而存之。亦由我。此時而不急速打開。是坐失機宜。自暴自欺。願甘坐割。其危孰甚。此所以急謀打開生路一條。人人自保。以圖永固。願我同胞共策而進行之。

第七節

數千年數百年數十年前之事物爲之古。現代盛行之事物爲之今。從前及已過之事物爲之舊。現在及將來之事物爲之新。事物有愈舊愈古而愈寶貴者。有愈新愈合時代化而愈寶貴者。凡愈古愈舊而爲寶貴者。乃事物之模範，若道德文章或供諸陳列品之類皆是。作爲人類進化之先進則可。作爲今人之圭臬也亦可。以之爲現代之進化也則不可。凡愈新愈合時代化而爲寶貴者。乃事物之後進。若科學與工商業等皆是。舊與古非不美也。乃最初之新與最初之合時之成績也。新與今。非全美也。可斷言爲後人之圭臬也亦未必盡然。以之戰勝已舊已古之事物也則可。除道德文章而外。凡科學與工商業。以愈新愈合時代爲最貴。欲打開現時代之生路。非從最新最合時代不爲功。今世列强各國所以稱雄一時者。不過科學與工商業之最新與最合時代化耳。以新可制舊。今可制古耳。凡已亡將亡之弱國。非淪於道德與文章。乃亡於科學與工商業。不能新。不能合今之時代化耳。新舊古今之利害切身。其密切之關係有如此。可以殺人。可以救人。

今我國以新生活維繫社會國家者。良有以也。

第八節

勞爲成功之母。有勞心與勞力之分。各隨其各個人之地位與境遇而別。逸爲失敗之先兆。有其心而不用其力。有其力而不用其心。皆逸也。能勞則萬事可得。貪逸則事事失敗。理勢然也。自古建大功立大業者。莫不從勞苦得來。大之則社會國家。小之則影響及於個人。人生天地之間。受天地之化育。父母之胚胎。心力與實力皆天地與父母所賜予。既生而爲人。應盡爲人之天職。有一分心力。有十分心力。遇有可用之處。則盡我所有而用之。用之之道。不外乎學問與事業兩途。若反此而用之於遊蕩邪僻之途。與天地父母之所賦相逕庭。未有不失敗而終於淘汰者。心力愈勞苦。則精神愈暢達。愈貪逸。則精神愈委靡。亦自然之理也。古人有惜分陰之訓。無非在委靡貪逸之間。打開生路一條。從勞苦中進行。事業得以成功。心思學力。得以步步進化。此所以有名垂千古之大聖賢大偉人也。按今之世。逸者多而勞者少。得者少而失者多。推原其故。與天地父母之所賦相背。與人類之進化相左。若不急圖改進。未有不胥於淪亡者。可痛亦復可嘆。今而後願全國同胞。均從勞苦一條生路進展。若已勞已苦者。更勞而更苦之。將勞而未苦者。切勿因此而畏縮不前。對已逸而將逸者。事事加勉。遇事惟恐其不勞不苦。惟恐其漸入貪逸一道。如是則民食足。國基立。方可以言教育。方可以言實業。國富民强。亦勢所必然矣。當是時也。背其道而行之。此所以農村鬧破產。國家憂淪亡。內憂外患。日見切膚也。今者我全國已統一矣。惟望我全國上下。一致進行。於生產方面着意。從勞苦方面打開。內政外交。雙管齊下。方可以救國。方可以救民。平等於以還我。失地於以恢復。亦勢所必然之事也。

第九節

現在之摩登。卽向來之奢侈。現在之鄉氣。卽原來之樸素。教育與實業愈新愈摩登。則社會愈文明。國家愈奠定。衣食住三大要素。愈舊愈樸素。則社會愈安靖。國家愈富强。今人不察。凡起居。臥食。處處以愈新愈摩登爲時髦。最難堪者。莫如女子之衣飾。奇裝異服。在在皆是。誨淫一途。無過於是。雖經明令取締。效尤如故。且更新而更奇之。差免於裸體。誨言之曰社交自由。男女平等。堂堂華冑。將何以堪。若不急從樸素方面打開而嚴格取締之。貧弱淪亡之尤。追悔莫及矣。自古創業之輩。莫不樸素。敗家之子。莫不奢侈。實爲一大明證。語云君子之德風。小人之德草。今則反是。凡惡社會。惡習慣。惡風化。風馳電掣。不期然而時時盛行。到處模仿。誨之曰文明。曰歐化。痛心疾首。亦莫有過於是時者。職是國貨不能推廣也。洎來品之佈滿國境也。莫不是奢侈之禍首。故一衣而百金者。一食而數十金者有之。有之。卽自今始。卽自今之所謂摩登始。民窮如此。國貧如此。奈何挽既倒之狂瀾。而振拔之。挽救之哉。有之。自全國上下打開樸素始。事急矣。淪亡可慮矣。奈何尚不知不覺而沉醉於奢侈一道。如浪之濯濯。如風之習習。而不急圖反正歟。天理歟。氣數歟。吾莫能知矣。美之一字。本爲善字頭。天字脚。應出於天然。非塗脂抹粉。

奇裝異服。卽可謂之美也。自古卽有美人。古之所謂美。未使不是今之醜。今之所謂摩登。未使非將來之惡醜也。於此可知所謂美與醜。乃隨時而在者也。美醜旣隨時而在之。出於天然可知矣。於裝飾何益哉。飾之徒耗金錢耳。謂之曰自欺也可。謂之曰自賤也亦可。今之貧與今之弱。貧於是而弱於是者半之。貧弱於不問不聞不見者半之。一方面由於男子之不求進。一方面由於女子之徒事奢侈。失之於上流社會者居多。失之於平民者少。今而後欲圖挽救。宜從上流社會樸素始。君子之德風。國富民强。可立而待也。

第十節

語云。一分精神一分財。詩云。自求多福。按精神一物。爲人人固有之特品。有此天然之精神。而用之於正當之途徑則致福。用之於不正當之事業則致禍。詩云自求者。在人自擇之耳。用之無窮。求之不盡。用一分得一分之效果。用十百千萬分。得十百千萬分之效果。精神有已用之而未獲者。有用之而未全獲者。非精神之不獲。在乎用之有方與無方耳。用之有方。雖難而易獲。用之無方。雖易而不獲。萬事先從方針上打開生路一條。而後用全副之精神而進取之。萬事不患其不成。有方針矣。有精神矣。鉄可穿。石可破。鬼哭天驚。凡意料所不及者。無不可求而得之。故世有大偉人大聖人者。無非皆從精神得來。有形之軀壳。雖百年而必殆謝。無形之精神。雖千萬年而不滅。用之有道。則流芳百世。用之無方。則遺臭萬年。語云精神不死者。此其道也。故人生於世。須不死於流芳之精神。切莫不死於遺臭之精神。同一不死。同一精神。而有霄壤之別。其交點全在乎有始之方針。欲求有始之方針。須認清道路。凡有利於身心社會國家者正道也。有害於身心社會國家者歧途也。不可不辨。腦爲精神之府庫。心思爲其驅使。四肢聽其指揮。形於中而現於外。宜保養之使之一致。切莫斫喪之而使之分歧。保養之而不用。不免行尸走肉。斫喪之而猶能成大業者。未之聞也。語謂金錢萬能。鄙曰惟有有精神而後萬能。不死者萬能也。成大業致大富者萬能也。有萬能之精神。而後有萬能之聲譽。人而不從精神上着意。而徒從榮譽上企圖者。吾未之聞也。

第十一節

凡事有所請求。有所要求者皆曰求。人有而我無。則求之於人。人無而我亦無。則求之於己。求人難。求己易。同是一求。而有難易之分。有尊卑之不同。事有不得不求人者。求之可也。有不得不求己者。非求己不可也。求人者暫時也。求己者永久也。因暫時之需要而求之。有益於我。無損於人。無愧也。因永久必須而非求人可以了事者。非求己不爲功。人與己。同類也。人之所以有者。亦求而得之。我之所以無者。亦可求而得之。求雖在己。得有先後。我先得之。人必求之。人先得之。我必求之。求雖不同。得之則一也。人人能求己。則求之無窮。得之無盡。人人求人。則求之即竭。得之無望。書所謂己立立人。己達達人者此也。如學術上之進取。事業上之發展。爲求己而求人。非求人也。至於日常生計。尙仰求於人者。乃非是求人。非是求己。謂之自棄。非立身之道也。願世之求人者。從求己方面打開一條生路。而後可以立己。可以立人。立己立人。而社會國家自立矣。當今之世。如衣食住行。有求己有餘而反求人者。有不必求人而求之急急者。比比皆是。奈何我全國士女。不速醒悟哉。

第十二節

慾與奢。以字面而論。均有不正當之意義存在。撙節而用之。不無進取之路。凡事太過等於不及。慾與奢。皆太過也。因其意義太過。易入歧途。自古成則爲王。敗則爲寇。皆慾與奢造成之也。人而無慾。則精神不振。事業落後。人無奢望。則欲前而畏縮。畏難而苟安。今世各國。爲能稱雄於全球者。慾與奢。有以造成之也。我國素重孝悌忠信。禮義廉恥。爲仁義道德所束縛。而天然之富庶。爲各國所不及。溯自交通交際以來。處處吃虧。事事落後者。以無慾無奢故也。古聖人曰。膽欲大而心欲小。諺云膽大有官做。皆寓有進取之意義。見義勇爲者。非慾非奢也。義者宜也。不得不然也。處此列强環視之世界。內外一切。不得不隨潮流而變遷。非慾無以自立。非奢無以對外。內修外攘。一以環境爲依歸。人慾則慾。人奢則奢。乃可以相將。頡之頏之。以免望塵之嘆。慾而用之於自私。奢而用之於個人。未有不喪身敗家者。今而後宜放開眼光。事事從大處着想。打開自私自利之惡習慣。以責人之心責己。恕己之心恕人。事事以智力而行之。實力而防之。不患不到富强地位也。

第十三節

人事往來。世界交通。彼此賴以憑證者信用也。信用愈著顯。社會愈文明。國家愈安定。不係乎金錢。不恃乎强權也。立身社會。藉以生存者。信用爲先。金錢其次。世以此爲第二生命者。良有以也。有形之金錢。有價值有數量。無足爲貴。無形之信用。無價值無數量。最爲可貴。人有有形之金錢。往往有見棄於社會者。人有無形之信用。雖處於任何艱難困苦之中。必爲社會所器重。無往而不利。無事而不可爲。此爲中外人事。一體所通行。雖語言文字之不同。於理則一也。孔子云。人而無信。不可以作巫醫。巫醫小道也。尚以信用爲重。何況於他。信用雖由於自己個人之作爲。行之全係乎對方。亦卽己立立人。己達達人之大關鑰。爲日用必須之大本營。猶水火之不可一日無也。今世列強各國。往往有弛毀信約。恃強權以淩虐弱小隣邦者。揆情度勢。作一時之權宜則可。以此爲自立立國之基則未也。故吾人欲求社會之文明。事業之利達。非從信用上打開一條生路不可。上古之世。萬百往來。咸以一言爲重。未必重用契約。重用法律。蓋契約與法律者。乃用之於不信任與無信用之流耳。今世事無巨細。處處行用契約。處處重用法律。不知契約愈詳細。法律愈嚴密。信用愈喪失。社會愈腐化。此爲最顯著之明證。愈詳愈密。則萬事不可爲。盜賊匪風愈熾盛。古孔子爲魯史寇。三月而路不拾遺。重教化。不重律法也明矣。今世人烟稠密。當然與數千年前不同。而立國之綱紀則一也。人道主義則一也。能以信用爲主體。必置契約法律於高閣。總之契約與法律愈少用。則人事愈可爲。理勢然也。不得已而用之。用之於信用未全。副道德未全充者。偶而已矣。古云一言九鼎。良有以也。

第十四節

强權卽野蠻之別名。公理卽文明之代價。世有强權而無公理者。有公理而無强權者。各隨其各個人與環境地位而定。非定例也。我國古訓。只有王霸二字。近今世界交通。人事愈分歧。社會愈複雜。始有强權與公理相戰爭。今則偏重强權。而公理已置之掃地矣。恃强權爲護身符者。一時不免爲人吐駡。然吐駡儘管吐駡。侵掠一面侵掠。公理無可伸。民意無可歸。美其名曰富强。富非眞富。强非眞强。掠人之財物土地而爲富。沒人之民意公理而爲强。以弱者言之。爲之無公理。以强者言之。謂之非强權。一得一失。何啻霄壤之別。以强權得之。復能升張公理而立國者。得之久。以屈服失之。復能培養强權而立國者。失之替。公理爲外。强權爲內者久。强權爲外。公理爲內者替。今世環球各國。無不以强權戰勝公理者。其變遷之久替。洞若觀火矣。民情之僥薄也由此。官吏之貪汚也由此。當此過度時期。欲求上下一氣。長治久安。最爲難能。一以觀之。可矣。從君子小人之衆。獨中打開一條生路。强權自可達。公理自可伸。理所必然也。强權云乎哉。公理云乎哉。

第十五節

仁厚者。古道之遺風。有事勢上應佔勝利。而事事吃虧者。有情理上理應讓步。而反佔勝利者。有理而反吃虧。無理而反勝利。今世社會。往往如是。吃虧於纖些之間。而不謬大事者。吃之無妨。有僥薄於一時。而反遺害於終身者。殊爲不値。與仁厚者相交。當以仁厚待之。與僥薄者相交。當以僥薄待之。然厚與薄。乃出於本性。有天生而仁厚者。心雖欲薄。而有所不能。有天生而僥薄者。心欲仁厚。而亦有所不能。效而尤之。卽爲假面具。打開假面具。從事實上做去。不愧爲眞君子。偶而爲之。不失爲僞小人。眞君子果屬仁厚長者。僞小人尙不愧爲仁厚之輩。如舍仁厚而故作僥薄之徒。不免爲眞小人矣。當今之世。以仁厚待人者十之一二。以僥薄待人者十之八九。以一二而欲戰勝八九。莫怪四境之瘡痍。日非吏治之日見其更難也。急從僞君子眞小人中。打開生路一條。探其眞正之面目。方於社會國家。

庶有豸焉。否則不僞者變爲眞小人。眞僞者反爲眞君子。魯魚莫辨。皂白難分。處乎此境此世。對內對外。有所難能矣。

第十六節

依樣畫葫蘆。爲之因循。拾在籃裏就是菜。爲之苟且。二者均腐敗之現象。遇事因循。勢無開展之路。遇事苟且。必成懊悔之門。此爲常人最易犯之通病。萬百事業之失敗。人事之受害。無不由此兩點所造成。立志不堅者。最易因循。腦力簡單者。最易苟且。總之皆精神不充足有以致之。吾人能從精神上修養。意志上鍛煉。打開舊腦筋。從新智識上走去。自無此等弊病。審察於微茫之際。防患於未然之先。不貪便宜。不求目前。不畏難。不苟安。古人百折不回。寸陰是競。皆所以鼓勵後人也。今世人事猛進。一因循則事事落後。一苟且則處處吃虧。欲求立身社會難乎其難矣。不求生路。卽上死路。我死則人生。我生則人死。然我之生不生由我人之死不死由人。我不死人。人必死我。我之不死。人之不生。皆係乎人我之間不因循。

不苟且。人雖欲死我。而我必不死。人若因循苟且。我雖不欲死人。而人必自死。生死關頭。間不容髮。非天理不容。人自不容也。不其然乎。

●國家章

第一節

國也者。保障全民族之工具也。民族之多寡不與焉。故國無大小。邊防鞏固。內政統一則稱强。反之則為弱。有史以來。弱者反强。强者反弱。變遷多端。不知凡幾。國與國爭而分合隨之矣。存亡隨之矣。欲求不爭。時勢有所不能。有所爭而無所分則存。有所分而無所合則亡。存亡之際。間不容髮。有有所合而自甘分者。有有所分而卒仍合者。分合由己。存亡在我。精誠團結。實為當世自强自保之良策。救亡圖存之鐵證也。為欲求安定。須從分歧中打開生路。各守各個人之地位。各盡職責。政令統一。庶民同慶。乃可以安內。乃可以攘外。强權無所施。公理無所用。乃可以言國治。恃强權以勝人者野蠻也。恃公理以抗人者懦弱也。不恃强權與公理者大同也。卽聖人之道也。自古立國之道。不恃强權。卽憑公理。不憑公理。卽恃强權。今之人奈何無所恃。恃而猶時起跋扈。不顧邦基之動搖。範離之時。撤引狼入室。可爲隱憂。願我全國上下。羣起而攻之。歸之使順。納之正軌。乃可長治久安。俾我數千年之胄祚。得以永垂不替。還我河山。復我民族。急起而直追之也可。

第二節

人民爲國家之主人翁。有人民而後政治興焉。國之强弱。由於人民之能力。政治之美惡而斷。人民有耐勞刻苦心。敦教睦族心。官吏有親民聽政心。躬行廉潔心。國家自然富强。人民自然安定。官吏者。人民之公僕也。官吏能愛民如子女。人民自視官吏如父母。官官相護。息息相通。自無隔閡之弊。國無家不成。家無人不立。觀人品之高下。卽知家庭之得失。察家庭之善惡。卽知國家之興廢。家庭者。人民集合之所也。喜怒哀樂好惡欲。胥由此出。之我國幅員廣大。人民衆多。甲於全球。賦性仁厚。能刻苦耐勞。惜乎教育不普及。多守舊性。少新思想。値茲人類競爭世界。欲圖與歐西各國並駕齊驅。非不能也。時太促也。吾人能時時猛進。刻刻注意。在社會國家上着想。不患不能步人後塵。而至於極也。一方面由政府利導之。一方面由人民自己猛省。去其弊而從其利。打開奢侈。事在實踐。急則當先。緩則當後。自無隕越之虞。人一己百。人十己千。乃可一躍而上。富與強。可立而待也。

第三節

官難爲乎。不難也。官之難。難在得民。民易爲乎。不易也。民之易。易在得官。官卽民。民卽官。受公民之推戴而代行職責者曰官。立於監督地位。主人地位者曰民。吏治之清濁。在乎官。民意之優劣。在乎民。官清則民優。官濁則民劣。官之清濁難理。民之優劣易治。難理者。用民意打開之。則易理。易治者。用吏治打開之。則不難。如是則官民互有生路。反之則互成死路。生路多而死路少則國強。死路多而生路少則民貧。國弱民貧。未有甚於此時者。挽救之道。當以清明吏治爲先。欲清明吏治。民意宜堅決一致。官有不慊於民者。羣起而忠告之。有稱快於民者。一呼而推頌之。官有官之樂趣。民有民之愛戴。勞心者治民。勞力者養官。官無不慊之官。民無不安之民。如是而治內。如是而對外。未有不稱揚於全球者。若以求官爲發財路徑者。民無能命矣。官之苦。有苦於民者。民之樂。有樂於官者。不願爲官。但願爲民。官之樂。有樂於民者。民之苦。有苦於官者。不願爲民。但願爲官。不願爲官者則吏治清。不願爲民者則吏治濁。民之安不安由此知。國之治不治由此曉。官乎民乎。國乎家乎。係乎吏治之清濁也明矣。

第四節

軍亦民也。亦官也。爲民而自衞者軍也。以之禦捍強暴者軍也。軍之責在於民。爲民卽爲己。名雖對敵。實係衞國。此所以民必爲軍。國必自衞也。有國而不自衞。有家而不自軍。是爲自棄。國不可棄。家亦不可棄。己更不可棄。不棄己。不棄家。不棄國。所以人人有爲軍之義務。有捍國保家之天職。站於軍人之地位。而不知保國保家保身之天職。是不盡做人之義務。己可棄。家不可棄。國更不可棄。棄己所以保家。保家卽以捍國。己輕家重。而國更重。棄己則未必能棄。保家捍國則必也。棄一己而保家捍國。何樂而不爲。不特不爲。且在必爲。我國之所以貧。所以弱。其弊在乎不能棄己。不知保家捍國。人人有棄己保家捍國思想。則軍不患其不足。保家捍國之力。不患不有餘。軍既有足。力既有餘。雖有强暴。其奈我何。如是則敵不禦而自潰。國不鞏而自固。今之軍民。能在此中打開關路。則處處是生路。雖臨城對敵。如入無人之境。向無所敵。攻無不克矣。理勢然也。世有不干政不內戰之口號。實爲軍人最恥辱之標榜。知自衛對外之天職。自無對內之慮矣。

第五節

所以繫人民於規矩者。司法也。禮教。修內政。明司法。爲備而不用之工具。故國家愈文明。司法愈簡略。過失爲吾人不能避免之事。若係之於本身而不及他人者。本無所用乎法律。若涉及他人而事有所不能見諒者。卽爲之罪。對方爲自衛計。不得不訴之於法律以爲保障。其旨大都運用禮教及人情。然往往有未遂罪而構成已遂罪者。不白之冤。因是而起焉。人能平心靜氣。處處以責人之心責己。恕己之心恕人。自無勝訴敗訴之判。人類愈繁。爭端愈多。應用法律之處亦愈密。人事隨時勢而變遷。司法亦隨之而更改。縝密周詳。可謂已極。然法律愈縝密。人事愈惡劣。乃最顯著之明證。能從禮教道德上打開生路。法律自然等於具文。有法而無所施。有律而無所用。語云。瘡藥雖好。不用爲妙。用之惟用之於愚夫愚婦。不明禮教道德者。多讀聖賢書。方能臻此。故聖賢之所以流傳千古也。

第六節

警。所以防備守禦者。與軍相似。而不同。屬內政部。恒設於都市城鎮。人煙稠密之區。以輔地方治安。有編制。有訓練。必要時。可補軍政之不足。有水陸兩組。品學兼優。有國家思想者。方克充任。名雖爲警。實仍屬民。地方之癥結。人民之困苦。在所洞悉。乃政府之耳目。地方之屏範也。今者有其名而無其實。遇事觀望。欲求盡守防之責者。不過都市中一部份優秀份子耳。他如常駐於偏僻市鎮者。比比皆是。

欲求整肅。須從待遇及訓練方面。打開生路一條。或由當地人士組織之。然後可言自治。警政嚴肅。則內政有條不紊。人民得以安居樂業。萬百設施。可以次第推行。警亦官也。官雖小。其責綦重。防患於未然者警也。防患於已然者軍也。警之責重於軍。而治亂之萌在乎警。用警以求治安者其力一。用軍以平治安者其力十。軍警相爲表裏。故能長治久安。故警之訓練。警之嚴肅。當倍於軍。軍令之不可違者。事在危急存亡之際。當然不可違也。警令更不可違者。事在蠢動微茫之際也。警之令似輕而實更重於軍。同一令也。其輕重緩急。豈容忽視。官與民最親密者莫如警。警者檢舉人民之標率也。社會國家之維繫。不其重乎

第七節

人民散佈於四方。各有生命財產。各求安居樂業。全賴政府爲之保護。然地廣人衆。雖有軍警爲之保護。然恐力有所不逮。不免有鞭長莫及之虞。故人民自衛之策。不可不力求進展也。組織由乎人民。編制創自政府。甲聽命於保受制於地方

政府。甲甲相應。保保相護。如是則雖窮鄉僻壤。呼喚相應。各有連絡互助之能力、莠劣無可藪。匪類無可藏。對民無內顧之憂。對外有堅強之能。此保甲制之宜嚴速訓練也。餉械由於地方自備。不仰給於政府。軍警而外。輔之以保甲。防範之密。莫善於此。第恐日久生玩。人民慣於政府軍警之保護。有其名而無其實。不事訓練。不事督促。無號令之申戒。一旦有所號召。仍無裨於萬一。殊爲可慮。應嚴之以軍令。飭之以懲戒。俾人民知盡自衛之能力。爲人民自衛。卽爲地方自衛。爲地方自衛。卽爲國家自衛。人人爲地方自衛。則人民與地方無不安之象。國家自呈昇平氣象。雖有強隣之虎視。可有恃而無恐矣。今而後願我全國人民。胥以保甲爲求自生之路。欲求國家復興。急從自身打開一條生路。互相訓練。互相呼應。不畏難。不苟安。暫度目前之難關。以圖永久之安居也可。

第八節

以局部之事。彙總一處辦理者。謂之機關。其範圍之大小。隨事務之繁簡而定。有列爲國家的地方的。或一團體的。或列於緊要的。或列於駢枝的。用人行政一也。辦理之有益與否。全繫乎用人。用人得當。處事雖繁而簡。且有益於地方國家人民。今世往往有仗機關名義。而淩虐地方國家人民者。辦理機關者。本爲少數公僕。受其利害及影響者。乃爲多數之人民。故機關名稱不求其多。辦理人員。務求精強稱職。須有經驗學識。兼能淸白廉潔者充之。施政之有利與否。全以多數之民意爲旨。若不從民意。而仗個人之威勢强力執行者。俗謂之帝國主義。爲公僕者。宜先自審省。有無上述情事。不待人民地方公衆之公意來打倒。應先自打開一條生路。從有利於公衆方面着意。民雖衆多。地方雖廣大。未有不慊於人者。機關無大小。地方無廣狹。須以全副精神應付之。人民及地方之事。卽機關個人之事。個人之事。尙或可緩。機關之事。須積極處理。不容遷延稍緩者。戀棧爲公僕最恥辱之事。一有不慊於人者。掛冠而去以讓賢路德與虛自有公論豈一手可掩天下耳目。總之做一日公僕。盡一日職守。職雖去。名不忘。如是方爲賢大夫。

第九節

心爲血之府庫。運輸於全體者筋絡也。人爲事物之原動力。人事之發展。全賴交通。故近代先哲。以衣食住行爲四大要素。行者。即郵電路航四大要政也。個人之交通。全賴國家爲之創制。我國自行新政以來。對此已卓有成效。開文化之先鋒。胥賴乎是。惜原料取諸舶來。機件迄未發明。外觀雖有餘。內幕多吃虧。今者公路暢達。脉絡貫通。建設事業。以此爲最。視全國似門庭。雖距數千百里。晨發夕至。可稱便捷。施政之易。捷如電掣。上下一體。可無隔閡之弊。耳所聞。目所見。得心應手。爲所欲爲。如人消化力强。則軀體肥胖。交通事業發達。則國家富强。萬百設施。因勢利導。胥由於此。然消化力快。滋養料當然充布。而排泄物亦隨之而擁擠。利多則弊叢。理勢然也。能從消化與排泄方面。打開經濟之路。自無供應過程之虞。凡事太過。則等於不及。欲速則不達。亦理勢然也。

第十節

錢者。泉也。取之有方。用之不竭。無一息之停滯。始無太過不及之虞。國家之有財政。猶人身之有血脈。太過則裂。不及則枯。血脈之榮枯。宜保養於平素。凡辛酸猛烈而有刺激性者。先爲之避免。經濟之與取。亦須調節於經常。凡奢侈銷耗而有靡費性者。先爲之防範。開源節流。自無竭蹶之虞。個人如此。國家亦然。人民之經濟有餘。國家之財力自足。國裕則民福。萬百設施。概可進行。國家之命脉繫焉。財政之有餘不足。係乎齊散之分。財齊則民散。財散則民齊。財之齊散。在於當局之操經濟權者。經濟集中。爲近年來積極之政策。無如民窮財盡。經濟外溢。欲齊而無可齊。欲散而無可散。爲近年財政上最大之癥結。於無法中求有法。無路中求有路。打開一條生路。人民多從事於生產事業。而後可以裕國。而後可以福民。凡個人之有餘者。涓滴歸公。擯絕奢侈。從尚樸素。如有貴族化者。嚴格取締。無論上下。一律平民化。積之以個人。齊之於公衆。如是則社會無不景氣象。國家有復興徵兆。非難事也。

第十一節

振聾發聵。啓蒙指迷者。教育也。繼養育而能立足社會者。教育也。故人之善惡係乎習。習卽教也。習於善則善。習於惡則惡。於身心社會有密切關係焉。教育爲立國之大本。向所注重。不過方法之不同。隨時代而改革。今則更爲擴大。參以世界潮流。國家民情。以爲方針。詞章與理論。物質與科學。發前人之未發。指後人之迷途。古有心喪之制。可知師訓之重矣。故人之受父母養育而成人。人人必受師長教育而全人。養育出於天性。教育出於人爲。受幼稚之教育。爲幼稚之事業。受高等之教育。爲高尙之事業。人品之高下。事業之大小。皆係於此。人有教育。故爲萬物之靈。萬物有養育而無教育。故爲人使用。教育者。事業之胚胎。人類之後天也。有先天而無後天。事事退化。有先天而再有後天。事事進步。教育者。無形之利器也。有無形之工具。可以戰勝有形之一切。兼可以制勝無形之一切。攷古徵今。事理昭彰。今各國之以有形之利器戰勝他人者。乃胚胎於無形之教育也。今我欲求戰勝强鄰有形之利器。急從無形之教育。打開一條生路。俾全國上下。人人得無形之工具。以戰勝之。非難事也。無形之工具。隨時取用而無疆。有形之利器。爲用滯鈍而有限。以無窮而戰勝有限。以無形而成有形。無形之工具勝人。則有形之利器亦勝人。以勝戰勝。勢在操券。自然之理也。願我同胞。合力而猛進之也可。

第十二節

貨物彙萃於一處。以利運銷者曰市。人烟最稠密者曰市。人烟既稠密。日用必需之品。亦因之而繁。人事既繁。一切設施。允宜從事整理。此市政之所以興也。爲便利督促計。故地方長官。每駐節於此。實業也。教育也。衞生也。警務也。交通事業也。在在須人辦理。爲國家之標準。萬百精華。咸以此爲觀瞻之所。中外人士足跡頻繁。各國偏重商業。故市政較我國進展。我國向以士農工商爲四民。幷以士爲冠。而商爲最次。因之市政之設施。大都隨便建設。不加督促。今則因陋就簡。略加開放矣。萬百進展。尙在幼稚時代。欲步歐西先進各國之後塵。尙有所難能焉。一則需費浩繁。府庫空虛。一則原料缺乏。創制非易。可從平民化上打開一條生路。交通取其暢達。衞生從事嚴促。建築概以簡陋而略帶新穎。生活務求低廉而合清潔。啟別開生面之路。爲世界之創制。於是經濟節省。易於建設。人民多生產而少靡費。漏卮自塞。居民之良莠。事業之美惡。應由地方機關嚴格整飭。俾個個爲健全份子。事事有益於社會。十年教養。十年生聚。豈無獨步之能。若反之而從擴大方面進展。則需費繁而成效遲。雖云欲速不達。言之於市政。則宜速而不宜緩。開風氣之文明。當以此爲先着。急則當先者。宜從速開放也。緩則當後者。宜從平民化也。

第十三節

實業本含工商二者而言之。工重製造。商重運銷。製造須切實用。運銷全賴信義。製造而屬奢侈。運銷而用欺騙。奢侈造成冶容。欺騙跡近慢藏。此爲實業界最易習染之通病。今者世界交通。處處以文明號召。事事求其漂亮新之太過。漸入浪漫。實爲我國革新以來。極可痛心疾首之一大憾事。舶來品充斥於市場。一若非外貨不足稱商號。全國上下。人人以服用洋貨爲時髦。實爲我國實業界受最大之打刼。人民之漸入奢侈。經濟之日感支拙。實緣於漏卮之日漸廣大。來源之日見窮促也。一方面由於人民之太自由。太無愛國心。一方面由於政府之不事嚴飭。任其放縱。趨重維新。抹煞古風。一覩現在繁華市場之設施可知矣。若跳舞場之風行一時。影戲院之瀰漫全國。他如遊藝場也。百貨商場也。物以類聚。各隨其各個人之境遇而麕集之。爲放浪奢侈遊逸穢屑之伍藪。娛樂儘有方式。銷售何事裝璜。憩息儘有場合。運動何必如是。入場者。如迷如痴。迎合者。或男或女。老者忘年。少者忘寢。以爲娛樂也。消遣也。交際也。文明也。實則在在與實業相反。處處是銷耗光陰。靡費金錢。婚姻也。時合時離。交際也。時疏時密。處境也。時富時貧。變幻莫測。人事多端。藏垢納汚。無過於此。男不安於業。女不安於室。日暮途窮而自盡者。時有所見。棄正業而流爲匪類者。日有所聞。此而云改良工業。刷新商業。恐世之稱富強者。其初未必若是也。今而後。宜從實業上打開一條生路。使民無囂張之氣。國有生發氣象。經濟無靡費。光陰無虛擲。女安居。男樂業。視摩登如蛇蝎。以時髦爲恥辱。人人從辛勤路上走。事事以儉樸爲榮譽。復興之兆。可立而待也。

第十四節

人所賴以生活者。農產物也。故農業爲第一生命。百業惟農最苦。風霜露雪。烈日嚴寒。在所不避。萬百生產。全賴乎此。此所以有土地者。莫不以農立國也。古聖人云。有土斯有財。有財斯有用者是也。土地之廣。莫過於我國。人民之多。生產之富。甲於全球。奈何日常用品。尚須仰給於外來。地非不廣也。人非不衆也。農力之不足也。農之爲業。朝於斯。夕於斯。仰於天而不求於人。動作之勤惰由己。收入之豐歉由己。無人督促。無人指導。生活自由。無過於是。此所以供不應求。實業無所興。商業無所起。應興而廢棄者。不知凡幾也。今者歐風東漸。趨重商戰。從事實業者。大都採辦洋料。不用土產。蘊藏於地者。無力開採。培植於地者。不事生產。此所以人漸繁而日用漸促也。能從此中打開一條生路。種植者力求生產。蘊藏者急速開採。原料盡用。土產商品推銷出口。不求外助。胥賴自力。民無不耕於野。人共出作入息。農產富。實業足。生產多而消耗少。開源節流。舍此沒由。富強之基礎由此。社會之刷新由此。勢所必然也。

第十五節

有人民。必有土地。有土地。必有生產。生產無窮。人民之生計可無慮。生產物之種類不一。取用之方法亦無盡。有用人力而生產者。有不用人力而自然生產者。用人力生產者。其收穫之豐歉多寡。全係乎人工。自然生產者。在乎用人力開採之有法。括而言之。繁植於地面者。得雨露之滋養。人工之培植。雨露調勻。人工周到。自然豐收。反之則荒歉不足。即五穀森林等皆是。若夫自然生長於地下者。即鑛類是也。鑛類大都繁殖於山崗之間。目不見。人不識。須用專門學識。可以採取。屬金屬者居多。採之不竭。用之無盡。林與鑛。爲我國最大之生產物。林業大都採取數千年前自然生長之物。未加人工培植。年復斫取。尙恐不給。礦類尙蘊蓄於地下。迄未開採。二者惟以我國東北四省爲最豐富。今則何如。其他省區。亦多數可取用。今而後。爲人生計着意。除農業而外。須加以林礦。凡荒山無礦之地及不適於培植農產物者。須一律開放森林。凡有礦苗之地。須一律設機開採。因陋就簡。始用土法。成效後。再事擴充。如按科學方法進行。動輒數千百萬。萬難辦理。若以經濟不足而棄利於地。殊屬不然。此礦業之所以較難於林業也。至林業一端。實易進行。若統歸國家經營。地廣力少。當然難於實現。分而飭令地方人士各業主栽種。自然易辦。地方民力有不足者。然後由政府開放。已開放者。飭令地方業主盡力保管。如是則不十年而到處成林。數十百年而取用無竭。國計民生。利莫大焉。

第十六節

畜牧爲太古時代之遺風。亦民生之大要也。今平坦之地。既全種以五穀矣。畜牧為其餘業。若山林之地。不適於五穀者。尙以畜牧爲生。若我國之西北諸省卽是。於畜牧區當力求改良俾能繁殖。於農產區當力爲指導俾利生產。今者一縣人民之自由畜牧與否。繁殖與否。一以人民個人之勤惰爲主。若力有餘而地方適合者。不知凡幾。棄利於不知不覺之中。殊可惜也。今而後急宜督促農民。力加豢養。以補生計。藉開利源。今者牛羊鷄禽之頃銷出口者日盛。各地生產繁殖之法。絕不講求。推銷愈繁。生產日少。莫怪我人食用之日見騰貴也。以極有益極便宜之滋補食料。博得極微細之代價。年而復年。殊爲可驚。若不急圖挽救。恐民食之不足。日見其促也。應由政府通令豢養。併加保護。作爲民食之大宗。副業之利源。庶於國計民生兩有裨矣。今者我國商人之頃銷力太强。人民生產力太弱。欲圖挽救。應急從推銷力之智能。移轉在生產方面。人人有生產之義務。地盡其利。人盡其力。庶有豸焉。

●社會章

第一節

社會者。公衆集合體也。個人與公衆之關係。即謂之社會事業。個人爲輕。社會爲重。有個人而無社會。則不能成家。不能立國。社會事業。不勝枚舉。其善惡優劣。全以各個人之性情品行事業結合而成。以局部言之。忠實多而不良少風氣自然轉移。語云。隣居好。該金寶。孟母擇隣。皆社會關係也個人之情性。往往隨社會而轉移。習於善則善。習於惡則惡。習於社會之善惡。近於社會之赤黑也。社會之於人生。有莫大關係存焉。孔子云。十室之邑。必有忠信如丘者焉。十室亦一社會也。百千萬室。以至於全國全球皆是也。社會之保障。在乎國家。國家社會之集合由乎人民。萬百設施皆人民自身產生。而後影響及於國家。此所以社會事業。爲吾人當務之急。生於此而沒於此。個人於此。公衆於此。善良於此。惡劣於此。無人能超此範圍。古人入國而問境。境亦社會也。擊壤而歌。指日而歎。境也。亦社會也。人心隨社會而轉移。社會隨人心而變遷。古今與將來。時時變遷。將來與將來非可逆料。

就時論事。全在乎當時之人民與政府。有以維繫之也。我國立國數千年。已有千百度之變遷。千百度之維繫。未來之變遷。未來之維繫。非今人今日可斷言之也。欲圖永固。須從惡劣中打開一條生路。不利己。不損人。急公好義。見善惟恐不爲。見惡維恐不除。方可以言建設。方可以言社會。

第二節

一處有一處之習慣。一地有一地之風氣。生長於此範圍之內。萬難出此塵環。諸凡賭博冶遊。怠惰放蕩。甚至強暴凶惡。莫不是地方風氣習染而成。有頑古者。有維新者。有名爲維新。而跡近退化者。應由各地地方長官。嚴格指導。或取締之。最不堪入目者。莫如通商大埠之租借地。五方雜處。無奇不有。有聞所未聞。見所未見者。於該處莫不可悉數而聞見之。行政權雖操之外人。而聚而居者。多數仍是華冑。一切習染。於我國風化。關係非淺。首應打開一條生路。宜從此等場合。先行入手。從事整飭。而後漸及鄉僻之所。較易轉移。若徒從鄉僻之處整頓。而置華人稠密之租借地於不顧。南轅北轍。竊恐未見其功。徒見其弊也。若今狂熱之跳舞場游泳池影戲院遊藝場等等。自在整理之列。若內地之迎神賽會花鼓灘黃等。較此則尚屬小焉者耳。亦自在整理之列。整理於上流則易。整理於中下流則難。故移風易俗。當以上流社會入手。當以繁華之區入手。成效卓著。不難立見。他如飲食起居之如何奢侈。婚喪喜慶之如何鋪張。堂皇富麗。驕縱闊綽。皆所以教奢淫佚。自在整飭之列。如是則民風敦厚。社會刷新。上無貪汚。下多廉潔。四境清明。堯天舜日。可立而待也。

第三節

教育爲啟發人智之利器。有重文字者。有從訓育者。有家庭學校社會之分。三者皆不離於文字。須相輔而行。孟母斷機杵。家庭也。三遷擇隣。社會也。先聖杏壇。學校也。無家庭教育。不免養成頑童。無學校教育。不免成爲無識之徒。無社會教育不免成爲吝嗇之儔。此所以人生於世。教育爲先。教育普及。人人爲有智識階級。

人人爲有道德有公益思想之倫。萬有新舊學識。在在可以設施。無蠻橫不識之徒。鄉有賢才。國有棟樑。如是而言家齊。如是而言國治。意中事也。故欲求社會善良。須從教育方面打開一條生路。乃可以言雪恥。乃可以言救國。今者教育雖已創辦。大都市中。學校林立。教師之品格若何。待遇若何。學校之管理若何。課程若何。概應從事革新也。科本之編著。應注重新文化舊道德也。各地學齡兒童。應從事造報。學校容量。應嚴予支配。以免失學也。開辦費應由地方政府協助。常年經費。應飭令地方紳士籌措。以資持久也。既普及矣。應嚴飭整理。以免有名無實也。如是乃可以言普及。乃可以言教育。

第四節

有生產。而後可言生活。生產有豐盛饑饉之分。生活有富饒艱難之別。欲求生活之適舒。須努力於生產。故生產爲生活之先天。未有無生產而能生活者。農爲生產之母。工爲生產之子。子母分施。然後可言生存之道。我國地大物博。天然之生產。本可有備而無恐。何今而曰努力者。非土地之力有限。人力之不勤也。以農立國。爲我數千年之大基礎。太古地廣人稀。中古地大物博。今則物不阜。民不豐。生產日少。生計日促。人人有自危之心。社會有破裂之象。奈何能保安居樂業也。急應從生產上打開生路一條。俾人盡其力。地盡其利。人無閑散之人。地無荒廢之地。盡一分人力。得一分生產。盡十分人力。得十分生產。語云只有懶人無懶地。人能盡其力而培植生產。地自然能盡其富庶而長成。人力愈足。長成愈多。愈多則利源豐。衣食足而知禮義。人雖多。不患其不足。地雖有限。生產不患其不豐。富人類年年產生。食用必需之品。爲用日繁。以有限之地畝。供無限之人類。產生奈何能不日慮其供不應求也。鼓勵生產。爲目今民生上當務之急。欲求打開生路。一方面從土地生產上着力。一方面從工藝上着意。有物有則。爲生產正眞之途徑。舍此而專從商業上着意者。徒見其失業之日增。消費之日重也。欲圖挽救。既生而爲人。應人人有負土地生產之責。人人有負工藝生產之責。如是而言民生。如是而言復興。方有補救辦法。地有不生產者。人有不盡力者。應責令地方紳士。地方長官。負其全責。工作有時。娛樂有日。休息有期。壯者盡力於實業。老者安享於家庭。幼者得相當之教育。男耕女織。各盡其天職。個人有餘。而一家有餘。地方有餘而全國有餘。原氣足。精神自強。雖櫛風沐雨。捍強禦暴。無所顧慮矣。

第五節

人能立足社會。能自重而兼能爲人所尊敬者。信約也。故以信用爲第二生命。古云一言九鼎。人言爲信。故信之憑證。在於人之一言。無物質之担保。可知矣。先有無形之信約。而後有有形之物質。無形者易於爽約。有形者不易變更。憑一言以往來者。雖空而效大。憑物質以往來者。雖實而效小。效大者無限量。效小者有價値。事事重一言。範圍廣。到處通行。事事重物質。範圍狹。到處未必效用。立身社會。欲求名譽與財產上之保障。須個人矢志於信約。從此處打開一條生路。自然身家財產。永保勿替。於社會國家。兩有裨益。無有形之財產。有無形之信約。不失爲君子。反此則不免爲小人矣。人有信約。始有廉耻。始有禮義。當今之世。信約已無形撕毀。人心已漸趨惡劣。無禮義無廉耻之事。放眼皆是。耳所聞目所見。細心檢點。不可勝計。此所以國計民生之日見其非也。人不能無言。出言必信。言而無信。則爲空言。人言相合。則爲信用。失言則失人。失人則失信。信之於人大矣哉。

第六節

農工商皆實業也。茲先言夫農。農事種植。有利於水者。有利於山者。有利於平地者。種類繁多。不可勝計。有甲地有而乙地無者。乙地有而甲地無者。有利於甲地而不利於乙地者。有利於乙地而不利於甲地者。各隨其植物之情性及天時地利而別。然往往有利於此而亦利於彼者。有宜乎山而亦宜乎平地者。比比皆是。茲姑以其向有之植物而言之。若我國向所未有。而某國所有者。亦比比皆是。當此之時。概應從事調濟。彼此試植。用人事或科學方法來培養。其成功。卽原地向有之植物。亦應加意培植。盡其天然之生產力。若無益於民生者。概行禁種。有益於民生者。多方佈種。總之人力不任其懈怠。地面不任其荒廢。人類愈繁衍。植物愈繁盛。方可以維持生計。原料既富有。工商業自然隨之而發達。工業之製造。應以切於日用者爲度。如爲消耗及糜費品。一概禁絕。品質當然以新穎合時耐用優美爲則。於是商人之推銷。自然廣遍。如專以圖利爲目的。不顧國計民生。跡近欺騙者。一律革除。農專種植。工專製造。商專運銷。種植合於食用。製造切於應用。推銷在乎便捷。今則不然。務農者懈怠居多。冀其生產繁盛也。地盡其利也。不之講求。爲工者守舊居多。冀其出品優美也。人盡其力也。不事研究。爲商者市儈居多。望其信義通商也。貨物流通也。不加注意。此所以農產物不足供全國之合用。製造商品。不合社會需要。推銷物品。大都歐美外貨。背道而行。可謂已極。今而後。急從國計民生上打開生路一條。俾食用者富足而有餘。製造者精美而合時。推銷者薄利而愛國。國富民強。可操券也。

第七節

信與迷。為人生天然之本性。所以無論中外人士。人人不能避免信之太過則為迷。欲打破迷信。惟有從學理上去推求理通則道合。當然有信仰之必要。若理不通而道不合者。當然無信任之必要。腦筋簡單者。最易着迷大都信任神道鬼怪。目所不見耳所未聞者。腦筋聰穎者。大都迷於耳目四肢之慾。令人不察。只知以神道鬼怪為迷信。不知迷於耳目四肢聲色味慾者皆是也。癖於神道鬼怪者。其害尚輕。癖於耳目四肢之慾者。其害實重。迷於神道鬼怪者。引勢利導於社會國家。其利尚有什一。癖於耳目四肢之慾者。上行下效。於社會國家有百弊而無一利。沉眠於酒色。揮霍於身心。弛意無度。迷於此而不迷於彼。闢之之道。當以此為當務之急。教育發達。神道鬼怪自然闢除。舍其本而治其末。闢之無益。治其本。其末自消矣。他如哲理一道。全重理論。不無研究之價值。亦未可一例以迷信言之。於社會人心。不無匡導扶助之意。孔子亦云。雖小道。必有可觀者焉。迷於小道者。大都出於人事之不得意。在無可如何之中。聊求自安耳。迷於耳目四肢之慾者。

大都出於人事之放浪。喪身敗家在所不顧。不欲闢除迷信則已。闢之之道。急從耳目四肢之中。打開一條生路。從普及教育上着意。無意識之迷信。自然漸漸消滅於無形之中。有意識之迷信。將何以急速而闢除之也可。

第八節

人之生計。當有一定之準繩。上古地廣人稀。事事儉樸。今世人漸繁衍。生計日高。奢侈之風。日盛一日。從尚儉樸者。十不過二三。從尚奢侈者。十之七八。儉樸者大都有餘之家。奢侈者大都不足之人。愈有餘愈儉樸。愈奢侈愈不足。所以一家飽暖千家怨。十室九空。社會愈趨愈下。吏治日形棘手。此其故也。今欲挽救社會宜從儉樸中打開一條生路。先自都市中高級人員躬行實踐。上行下效。一方再從吏治方法嚴令鼓勵。能人人以儉樸爲高尚。以奢侈爲卑鄙。見漂亮者如惡惡臭。見遊佚者如惡仇敵。衣服飲食。遇有奢侈糜費者。一律禁絕。求其清潔整齊切於實用爲度。禮尚往來。雖云稱家有無。當以社會民情爲主。不能以個人之景況而從事舖張。愈闊綽。愈樸素。愈有餘。愈簡單。當以禮節爲重。儀品爲輕。一切浮華。概行謝絕。節縻費之金錢。幹有益之實事。一人無多。十人許多。家有主。國有長。事事規勸。事事實行。如是而言民生。如是而言復興。方有徹底之一日。治家易。治國更易。國醫國藥無過於是。

第九節

個人之惡習。影響家庭。家庭之惡習。影響社會。社會之惡習。影響國家。故國家之高下。全係乎社會家庭個人之習慣所造成。而各個人各家庭各社會各國家之習慣。各各不同。雖云天時地利人和之關係。實則教育不統一。乃爲一大病根。初係乎無家庭教育。再係乎無學校教育。更係乎無社會教育。此所以愈習愈惡也。咸謂人心不古。非也。人之初。性本善。實爲物欲所蔽。習染而成。各個人各家庭之惡習。可由各地方長官。嚴飭整頓。諄諄訓戒。言語行動。起居飲食。事事有惡習。男女老幼。處處有習氣。欲革除之。宜先從調查入手。地方政府。責令社會尊長。社會尊長責令各家家長。有賢子弟者。從事奬勵。有不良份子者。急速呈報。善相勸過相規。教導於未善。懲戒於已成。漸移默化。種善因得善果。自然之理也。今世惡習大都由於優秀份子之怕做難人。抱保守主義。所以近朱者日少。近墨者日多。身價稍重者。步步退守。無身價者。着着向前。一地如此。全國可知。奈何欲望社會之能正眞清明也。如爲一人一家一地而問世。爲公非爲私。有何難人之可言。人人能在怕做難人中打開一條生路。地方惡習。自然消滅。社會風氣。自然轉移。委靡之人生。一轉而爲生發之氣象。化干戈爲玉帛。荆棘成康莊。當以此爲先利之導。

第十節

做不開的私事。辦不了的公益。有一份心力。做一分事務。有私而無公。關門吃飯。豈無小胥之垂涎。有公而無私。豈有枵腹之人。人人生於世。全[illegible]社會爲護身符。凡社會事業。均爲之公益。公益事愈有秩序。社會愈發達。國家愈安寧。非拘拘於財力之有餘與不足也。全在乎有人提倡。不入私囊耳。有財者助錢。無財者出力。大以成大小以成小。嚴肅整齊。有條不紊。處處有人指導。事事有人負責。不畏難。不苟安。做一日公民。盡一日義務。有難同當。有福同享。不以消極待己。不以冷眼待人。勇往直前。急公好義。各人自掃門前雪。爲最無出息之人。見善而不爲。甘爲冷血動物。見義而勇爲。不愧爲熱心志士。有猷有爲有守。自然公私兩全。不嫖不賭不吃。乃可成家立業。袖手旁觀。豈容坐失機宜。冷言譏語。的爲社會蟊賊。公事有餘。然後再辦私事。公事條條有路。私事件件循規。假公濟私。爲社會之公敵。樂善好施。爲地方之福星。有飯大家吃。有路大家走。欲求社會之復興。急從公益中打開一條生路。自然人人熱心。事事成功。一呼百應。到處現生旺氣象。富强之道。於焉立矣。

第十一節

衛生卽清潔之別名。此事我國向不注重。向無專責。歐風東漸。逐步改良。在租借地及通商大埠。尚能講求。惟舊習已深。總不若歐洲各國之變本加厲也。至於內地則一仍其舊。街巷之塵垢穢積也。坑廁滿佈也。起居飲食之污濁不潔也。面垢塵衣不堪言狀。此所以歐人經此。必掩鼻而過也。此等屑事。實屬再易整理。一方面從勤字上用功夫。一方面從革除惡習上用功夫。從自尊自貴上打開一條生路。自個人始。而家庭。而社會。而國家。自然道道是路。幼者由父兄訓練。長者潔身自愛。大而要者。由地方長老。先事整飭。一律掃除遷讓之。觀瞻既合。衛生自重。懈怠爲不衛生之母。一人懈怠。則一家不衛生。一家懈惰。則地方不衛生。地方不衛生。社會之齷齪可知矣。他如疾病之易染。壽命之夭折。無非由於不衛生所致。國弱民貧。乃其大要也。有健全之身體。而後有健全之事業。一分精神。一分財。應由注重衛生始。

第十二節

道路猶人身之脉絡。人事往來。全賴道路。精神相交。全賴血脉。我國地面廣大。交通素不便利。所以文化多隔閡。語言每不通。今者國道省道縣道鄉道。已各地開闢矣。以表面言之。絡脉貫通。往來稱便矣。實際上尚不可謂暢達。大者已由政府開發矣。然鄉道尚未進行。大都狹窄不堪。泥濘難行。叢草滿生。無人割除。兼之牛馬往來。易於損壞。穢濁淤積。不加掃除。此所以風氣閉塞。文化難開也。今者百業猛進。交通日繁。理宜分段修築。尅期告成。養路也。有一定之的欵。修整也。有負責之人工。規定之期限。見有廢弛者。責令當地公民完成之。調查有時。闢狹有則。入城者車馬暢達。入鄉者步履安詳。十里有亭。五步有樹。觀瞻既整肅。往來可四達。事不求其頣費。開闢在乎必成。繁盛者條條是路。鄉僻者。分其幹枝。人行車馬。處處通達。運輸遊散。在在利便。道路既闢。萬百進展。可開風氣之先。一切事業。必達圓滿之道。欲開文化之路。務從修治道路中打開一條生路。政治統一。民情融洽。胥賴於是。向之我國之所以落後未全辦者。非人力之不及。心力之不足。官廳不整飭。有以致之也。鄉道之難。在於因循與遷延耳。急速而修治之也可。

第十三節

先有高山。而後有水道。山爲先天。川爲後天。先天者出於自然。後天者出於人爲。夏禹治水。人定勝天也。水治而萬物繁盛。人類得以安居樂業。長治久安。然數千年來人類愈繁。地面之生產物愈多。廢物之流入水道者。日甚一日。日漸腐化。水道之淤塞。此爲一大原因。按事實應逐年淘濬。不可間斷。方能保其常態。否則桑田滄海。變遷更快。民生上當有絕大關係。其利其害。非若陸路交通之便不便所可比擬也。近年來如黃水之泛濫。長江之漲溢。此其明證也。較之修治道路。尤爲當務之急。大如江河者。已屆注意矣。他如尋常水道之淤塞。實已不可勝計。其於農田之影響。無形中實已不可勝言。每遇水旱。袖手無策。農民只知靠天吃飯。不知追窮其原。鳩工淘濬。最要者在於下游。而不在上游。廢物之淤積。潮泛之所至。最易堵塞。且下游禾田。大半不取淤泥爲肥料。不如中游之常年挖取也。當此之時。欲從水利上打開一條生路。應令農民逐年挖取淤泥。作爲肥料。一方面由地方長官率領勸導。俾知利用。或用徵工淘濬辦法。先從全國近海各水道。統盤着手進行。方有裨益。如今之徒以一部份之人工。局部開濬。遷沿時日。農田之得益未見。水旱之影響仍然也。社會之恐慌。民食之不足。日見其促者。良有以也。

第十四節

民生日繁。日用物品亦與之俱增。欲求供求相等。非從生產方面着意不爲功。衣食住行。供不應求。勢必謀之於舶來品。人愈衆。求愈多。舶來品銷路愈暢。漏巵日增。經濟日促。民生日高。若不急謀補救。勢必民窮財盡。國家之原氣必傷。除農業而外。當以森林爲大宗。我國綽號地大物博。今昔相較。其爲何如耶。其初也。出於自然之生產。已足應用。今者非從努力於人工不可。生產力薄弱。生計日危。我國山崗之地。除天然之野草外。迄未開放。森林即有少數野樹。亦無人工培植。天然之富庶。埋藏於不知不覺之中。於民生上受莫大影響。若欲悉數開放。乃國家之財力有限。今雖已開放一二。終難普遍。欲求打開生路一條。允宜指令農民。分力合作。各自開放。逐年佈種。有不適於農者。概以森林爲業。地無廢棄。到處樹密蔭濃。今者每患古塚之多佔地面。着意改造公墓。不知公墓之佔地雖小。千古不變。以遠大之目光計之。實較私墓佔地爲更多。今之私墓。無論新舊。一律佈種森林。無咫尺隙地。勒令各地主限期栽種。已種者嚴令保護。設有斫伐等情。須經地方公衆許可。否則處罰。徧地成林。於衞生。於水患。於生產。其利無窮也。且農力有餘。佈苗甚易。衆擎易舉。不五年而全國佈滿。不十年而全國成林。勢所必然也。利源之富。民生之利。不可勝計矣。

第十五節

烟賭爲盜匪之根苗。民窮財盡。實爲近世以來最大之病根。今已禁令頒佈。限期絕跡。其初也大都作爲游戲消遣。無關得失。不知人情好逸貪懶。乃出於天性。苟子所謂性本惡也。欲在此中打開一條生路。長期嚴禁。自然無形絕跡。人民既無嗜好。自然專志生產。精神既足。自然努力求學。國無廢棄之人。家多勤儉之子。家計豐而社會足。合力而爲興發之事業。國泰民安。外强中富。胥賴於是。兒童有兒童之遊藝。中年有中年之娛樂。高年有高年之興趣。不趨於無爲之烟賭俠遊。舍此而設。或全以歐化之殆風爲娛樂者。廢事失業。仍所不免。一弊未除。一害又生。實爲社會之大不幸。不可不深加注意焉。

第十六節

地方自治。爲社會最切膚之事。我國籌備已久。迄未完全實行。今者政治刷新。已尅期實行矣。社會之發展。農民之復興。維此是賴。保甲自衞也。道路建設也。教育衞生也。水陸交通也。概可次第改進。人民有自治之精神。地方有奮發之氣象。國家有復興之期望。總而言之曰自治。分而言之。條目繁多。不勝枚舉。個人之安居爲有家庭也。家庭之樂業。爲有社會也。社會之保障。爲有國家也。地方能自治。國家自富强。向者民情沙散。外寇日偪。國恥之疊來。實爲有史以來。素未曾有。若不從地方自治中。打開一條生路。將何以自救。故迫於眉睫者。莫如此。易於自救者莫如此。惟我國人民。習於苟安。舊腦筋太深。務必督促進行。期於實現。既實現矣。

又必事事指導俾資完善。一若民初之有其名而無其實。殊爲可慮。非政府之不力。乃人民不自知覺而甘暴棄也。今旣知其弊矣。令出必行。行必有方。令飭務求普遍。條目須求安詳。切於地方情形。合於社會風氣。急則當先。緩則當後。諸事自易着手。所舉自見成效。一舉全得。指日可成。救家救國。人同此心。必能告其成功也。

● 家庭章

第一節

有夫婦。而後有家庭。家庭之產生。由於男女之結合。結合愈多。社會愈廣。此所以成爲國家也。夫婦和而家庭樂。家庭樂而社會安。國家之事業。到處有秩序。孝悌忠信。禮義廉恥。概由乎夫婦家庭之和樂所產生。故家庭之樂業與否。全係乎夫婦間之和樂與否所造成。至於地方政府之設施。官長之督促。乃其餘事耳。乃夫婦間與家庭間所僱用之公務人員耳。代辦家務之人民機關耳。公務人員之順利與棘手人民機關之應興與應革。全以人民之富强貧弱爲斷。人民家庭之保障。付託與地方政府。人民盡扶助地方政府機關之責。地方長官盡保護地方與人民安全之義務。家庭安。則地方治。地方治。則國家太平。故家庭爲國家集合之份子。份子純正。則富强可必。家庭之集合由於父母子女。老幼尊卑。父慈子孝兄愛弟敬。禮義由此出。廉恥由此分。人爲萬物之靈者。爲有禮教也。倫常也。愛國所以愛家。愛家卽爲保己。分而爲天倫之樂。合而爲社會國家之樂。人人能爲家庭之樂而修己治人。則愛身愛家愛國。自無此疆彼界之分矣。

第二節

人生於世。所以能立足社會者。端賴有教育也。受高尚之教育。卽成傑出之人才。同是一人。似一般蠢蠢蚩蚩者。非無他。教育太幼稚有以致之也。教育之開始。全係乎家庭。語云。養不教。父之過。故幼年哺育之責。全係乎父母。代代相替。幼爲子女。長爲父母。爲做人必經之階級。服勞奉養。爲人人應盡之天職。孟母三遷。教之有方也。設孟母而不遷。亦屠狗之輩耳。語云聖賢無種子。誠不誣也。是故教育之關係人生。不其大乎。爲父母者。對子女衣食而外。教育爲當務之急。立身行道。皆胚胎於此。欲求人類戰勝人類代天宣化者。除非從教育有方上打開一條生路。既生子女。必培植爲有用之人才。爲門庭生光輝。爲社會國家造樂利。父傳子。子傳孫。世世不替。女子雖非己有。教育視同一例。母教爲家庭最密切之一。三從四德。自古所崇。家庭教育與學校教育。徵有不同。學校重識字明禮。家庭注重德育體育及一切立身之道。起居飲食言語行動。在在有教育。在在須訓導。學校有一定之年度。家庭教育自幼至長。自長至衰。無終止之期。主雖操乎家長。效能及乎全家。朝於斯。夕於斯。隨環境而變遷。隨潮流而轉移。古今相參。新舊並用。教之有方。乃能成賢子弟。良國民。教育之道大矣哉。

第三節

人之勤惰。乃係乎習慣。習於善則善。習於惡則惡。古人日出而作。日入而息。理有常規。俾晝作夜。自古所識。創家立業者。類皆起居有常。動作有規。不櫛風沐雨。即履冰堅霜。有恆產者有恆心。朱子云黎明即起。既昏便息。起居無度。不蕩遊於賭博。即沉湎於酒色。農不耕於野。士不讀於齋。廢時失業。皆由乎此。故起居有時。爲萬百事業興發之基礎。所謂一寸光陰一寸金是也。起居有時。則精神煥發。一分精神一分財。自然一家飽煖。衣食充足。禮義並知。家齊而國治。國治而天下平。今世人浮於事。往往作爲口頭禪。抑不知人能着意生產。從民生上打開一條生路。務從起居有時上進行。人可不患其浮。事可不患其少。事業隨民生之要求而不得不進展。起居與精神之寶貴。胥賴乎時之一字。得其時則生。失其時則死。生死關頭在乎起居有時。有時者。動作與憩息有一定之時間也。長短有則。勞逸有方。精神愈鍛煉。身心愈痛快。事業愈發達。人衆則事亦多。生產繁盛。生計有餘。可以治家。可以救國。爲目今非常時期最要之一着。願我國上下家庭。合力而推行之。以至於社會。以至於國家。方無望塵莫及之嘆矣。

第四節

衣以蔽體。食以鼓腹。求其養生即止。華服珍饈。非家庭所宜。經常當以布蔬爲合。能合衞生者。即爲得體。朱子云一粥一飯半絲半縷是也。能如是可以齊家可以救國。一若今世之華麗。一衣動輒數十金。甚至數百數千金。一食動輒數元。甚至數十元。蔽體與鼓腹則一。金錢之靡費則過之。一衣一食之費。足供一家一日或一月之用。奈何不經濟之至。若人人能經濟從事。家可富國可强。衣食自足。禮義自彰。今世我國供不應求者。趨於華麗故也。蔽體之衣。鼓腹之食。尚可無虞。所供所求者。華服珍饈耳。金錢外溢按理有所未必漏巵未必不可塞。衣食闊綽實爲民貧國弱之一大原因。今而後。若不急從衣食有節上打開一條生路。恐奢侈之風日甚一日。民生日促。經濟日迫。復興之期更遠。貧弱可虞。富强無期。將何以雪沉痛之國恥。挽既倒之狂瀾哉。願我國上下家庭。一體從尚樸素。好清潔。惡華麗。愈簡單愈高尚。復興愈易。勢所必然也。莫謂衣食小節。無關於社會國家也。

第五節

和氣生財。為我國千百年之古訓。而以家庭為最。語云兄弟竭力山成玉。父子同心土變金的為至言。又云籬笆插得緊。那怕野狗鑽得進。不係乎貧賤富貴也。家庭和睦。雖貧賤而可富貴。家庭不睦。雖富貴而必貧賤。一觀當世人家之睦不睦。家世之久替。於焉可卜。今世高唱自由。父子反目。夫妻離異。家庭多故。實為社會之大不幸。既不睦矣。安求其能創家。安求其能立業也。至於子弟之教育。父母之孝養。在所不談矣。今而後。求家庭之康寧。須從一門和睦中打開一條生路而後可以成家。男耕女織。各盡天倫之樂。男子治外。女子治內。各盡其天職饑饉有備。豐稔有餘。家有祥。國有慶老者安居壯者樂業。入其境也。條條是路。入其室也。處處有規。內無怨女。外無曠夫。皆從和字得來。家和而隣睦。隣睦而一鄉太平。四境安寧。能如是。而後可言自治。而後可言救國。復興之期。可立而待也。

第六節

清潔爲康健之母。萬百事業。全賴精神康健。而後可以應付。身體康健。勝如神仙。故康健爲人生第一幸福。語云貧病相連。實爲家門之大不幸。無論農工商學。全賴精神。居處爲日常駐跡之所。室不論其大小。器物不求其精粗。概以不佔塵垢。拭濯清潔爲第一要事。且爲鍛練勤健之根本。以勤健爲習慣。人見其苦。自覺其樂。設或飽煖呆坐。反覺精神殆唐。空氣爲後天之生命。居處清潔。目視之而手染之。自無穢氣之侵臨。呼吸最密切者。無過於此。朱子云灑掃庭除內外整潔。即今之所謂衞生是也。我國地廣人衆。務農者居多。對居處清潔向來漠視。不若歐西各國之講求。惟少數人家。尚能講求一二。今者歐風東漸。萬般革新。清潔爲觀瞻上最要之一點。凡家庭之美惡。察其居處之整齊與否。清潔與否。即可知其人品之高下。家政之齊不齊。今而後尤宜喚起人民從居處清潔上打開一條生路。自然家齊而後國治。處事能勤。百業自興。生產之富。乃其餘事耳。今所謂新生活者。此亦其一也。

第七節

事字屬動字頭。爭字脚。可知萬事欲謀其成。務求勞動競爭。方可告成。農勤則生產豐。富工勤則出品精良。商勤則貨物暢銷。士勤則文理通達。故家庭間無論男女老幼。應各盡其職。協力同心。爲創家立業之基礎。世未有懈惰而能成家者。亦未有懈惰而能成事者。觀人之勤不勤。卽知家之齊不齊。語云勤儉有飯吃。勤儉出富貴。故觀今之富貴者。莫不從勤儉得來。反之則爲敗家之子。卽以勤儉而論。苦而用力。卽謂勤。人能不怕苦。不怕用力。到處有飯吃。事事可成功。不問事之艱難與否。鐵可穿。石可破。山可移。海可塡。有志竟成。不勤則畏難苟安。廢事失業。今者農村破產。市況不景。非無他。皆緣於處事不勤。有以致之也。欲圖復興。急從處事宜勤上打開一條生路。自然反貧爲富。反弱爲强。不足而成有餘。食不了。用不完。家計既豐。社會自安。國家自强。外患雖迫。無足爲懷也。今人往往說遇事須苦幹硬幹者。亦除非勤之一字。人人如此。救亡圖存。此其道也。

第八節

言行相符。言出必行。謂之誠。先行其言。而成其事謂之誠。待人接物。爲人事上最密切之樞紐。古聖人云。言忠信。行篤敬。雖蠻貊之邦行矣。是故立身社會。能處處以誠意待人。自然無事不可爲。孝者亦至誠之意。人子以至誠之意待父母。父母以至誠之意愛子女。自然家門和順。一門孝友。妯娌雖娶之於外姓。得翁姑之感化。自然事事聽從。賢德並著。語云孝感動天庭。誠能格天。惟誠如神。人能以誠處世。雖愚蠢凶暴。無不可以感化。誠實也。我以實事求是待人。人必以實事求是待我。人我之間。所以能互通聲氣。患難相顧者。除非一誠字而已。今世人心之僥薄。其弊在乎無誠意。大欺小騙。焉求其能團結也。焉望其能互助也。欲求團結與互助。務從誠意待人上打開一條生路。自然到處信任。事無巨細。言出必成。不係乎金錢。無用夫權威。心服口服。以德服人者是也。家庭如是。社會如是。國家如是。雖有強暴之虎視。其奈我何。今而後願我全國上下。共策而進行之。語云正能尅邪。

亦其一例也。

第九節

吾人終日操勞。精神不免疲乏。必使有以調養之。所以娛樂爲人生樂觀上不可缺之事務。必行之於業餘。往往調節無度。致妨職業。甚至有喪身敗家者。比比皆是。娛樂本屬小節。爲人生上應享之權利。無所謂禁誡也。而人心愈巧。娛樂品愈多。往往有逸出範圍者。今世歐亞陶於一爐。門類益增。在交通便利場合。更爲五花十色。名目繁多。不勝枚舉。設或聽其自由。人民生計。勢必不堪設想。至如鄉僻之區。埋頭耕作。當然爲最苦心之事。家庭間男耕女織。日出而作。日入而息。專意生產之不暇。何來娛樂之閑時。抑不知御之有則。身心旣快。精神煥發。事業愈進展。若舊時之迎神賽會。本亦田家之樂。然獲益少而耗費多。毫無益於身心。其方法如操練身體。增進智識。如拳術軍操及有趣味之藝術等。總之有利於國家社會者。年有定期。月有常規。集團表演。家庭中如絲竹弈棋等。不無可取處。古者不害於風化。新者有益於身心。急從有物有則上打開一條生路。自然精神煥發。操作有爲。勞逸並濟。於家庭社會兩有裨益。爲新生活所特許。對復興民族富家强國。利莫大焉。

第十節

人爲萬物之靈。事事講禮節。而於婚喪二事。爲人人必經之禮。事有繁簡。禮有厚薄。而今往往有逸出範圍者。當此生計日高。經濟日促之秋。奈何漫無限止。弛意鋪張。有餘之家。猶恐不逮。莫謂平民生計。日有所非也。以艱難之金錢。耗費於無爲之中。殊爲可惜。集團結婚。今已採行矣。喪葬之舉。尚未提及。若今之公墓制。靡費如舊。無足挽救。尤宜定一最簡單之辦法。重在遺骸之安不安。不係乎禮節之隆不隆也。今人往往有因兒女婚嫁。父母喪葬而負債者。比比是也。當此農村破產。國基危殆之秋。若不從此中打開一條生路。從事節省。恐貧者更貧。苦者更苦。生計之促。爲之更甚。愛子之心。人所共有。孝順父母。亦爲當務之急。太隆與太薄。

當然不可。合乎禮而已矣。兒女以教育爲第一要義。父母以安親爲不二法門。禮合則孝盡。過事鋪張。不惜靡費。實爲社會所不許。一人之財力爲有限。社會國家之財力則非也。個人之金錢。卽社會之命脈也。人人合禮。人人簡省。則社會自有餘。社會有餘。則國家自安全矣。個人爲輕。社會爲重也。

第十一節

形於中。現於外。爲不可掩飾之事。正之之法。惟有從修治方面入手。容貌端莊。實爲立身社會最要緊之一事。家庭間無論男女老幼。在常時間宜特別加意。嘻笑怒罵。爲人人不可避免之事。一時之意氣。無足重輕。宜鍛煉於常時。修飾之功。爲治家之要道。及立身社會。尤爲觀瞻所及。更宜束身自愛。一舉一動。必爲社會作標率。此所以容貌端莊。爲立身處世之圭臬。若今世之輕浮冶遊。美其名曰歐化。曰摩登。實爲社會之大恥辱。言語行動。當有一定之整肅。自重卽以自愛。自尊自貴。殊非難能之事。因何效法惡化。甘願自棄。而尤以女子爲最美之一字。本爲青年人固有之天性。然須出於自然。出於本份。得體爲止。何竟如潮泛之一瀉千里。限無止境也。故欲挽回社會風化。當以各個人之家庭。始當以容貌端莊爲補救維一之善法。人能在此端莊中打開一條生路。自然身價日重。靡費自少。生產自富。家庭之現象既端莊。社會之風化自轉移。輕浮之動作。自然絕跡。男循規女蹈矩。奇裝異服。無人顧問。塗脂抹粉。無人效尤。咸以端莊爲美麗。而不以輕浮爲時髦矣。雪恥圖强。惟此是賴。

第十二節

齊家之道。除禮教而外。小心火燭。防禦盜賊。爲日常必虞之事。均宜防之於未然。盜賊雖可由社教之感化。使之絕跡。而於水火。則爲人生一日不可缺之物。既能生人。又能殺人。防之之法。在乎謹愼從事可矣。非難事也。其權操之於家主與主婦。爲能處處防範。不與疎忽。日有防夜有禦。出入有則。檢點有方。自無意外之患矣。今者保甲制已全國通行矣。防衛之法更爲緻密。盜賊之風已可絕跡。而不測之虞。仍當加意防範。有史以來。惟孔子爲魯司寇三月而路不拾遺。舍此而夜不閉戶者未之有也。故防衞一事。爲自治之要道。欲求安居樂業。社會昇平。應宜從防衞上打開一條生路。加緊自衞。人人備戒心。地方無疏虞之患。國家有昇平之象。警衞之力有限。人民自衞之力無窮也。自衞之方。或用智或用力。用個人之力有限。合羣衆之力無窮也。西人譏我謂一盤散沙者。因我自衞力薄弱。遇事不能合羣策羣力而防禦之也。今而後。當知有以自醒矣。爲家庭加緊防衞。卽爲社會求安全。卽爲國家求福利。自衞之方法無盡。國家治安之効能亦無疆也。

第十三節

衣食住行。爲人生四大要素。在在須費。然用之有度。方可免於拮据。若以勞心勞力得來之金錢。耗費於奢靡之間。不免對不起自己。對不起父母養育之恩。有入而無出。變爲吝嗇。當然不可。出入有節者。當入則入。當出則出也。古聖人所謂見得思義。量入爲出。諺云養兒防老。積穀防饑。故人當年壯力强之際。當勞其心力。於事業方面專志進取。以其有餘。以防不測。又云少小不努力。老大徒傷悲是也。人之生活。往往隨環境而變遷。在不知不覺中。逐漸增高年齡日增。負擔日重。扶養子女。供奉父母。爲人應盡之義務。此爲份內之開支。婚喪醫藥。又爲人生不可避免之事。在在須費。但顧目前。不圖將來。爲立身社會最不經濟之人。人能於出入有節上打開一條生路。自然有備無恐。人人如此。家家如此。自然社會安定雖有饑饉不測。在所無慮矣。今世往往有本爲衣食有餘之家。不久而貧無立錐者。出入無節有以致之也。齊家如此。治國亦然。可緩者緩之。當辦則辦之。金錢之靡費。大都用於四大要素者居多。今人提倡平民化者。亦無非經濟救國之策也。總之身心適舒可矣。過其份而又以爲未足。自救之不暇。安望其能救國哉。

第十四節

器物爲日常必需之品。有新舊之分。有得時失時之別。變遷最速者。莫如今之服裝。花樣翻新。長短莫定。往往爲愛美心所驅使。棄其完整。取其惡劣。棄其寬大。取其緊縮。身心之舒適與否。衛生觀瞻之合法合禮與否。在所不顧。暴殄天物。莫此爲甚。他如居處飲食。處處以不經濟爲時髦。以樸素爲醜陋。習以爲常。爲今世我國貧弱之大惡習。而又以男女青年爲最。不知青年者。國家之命脉也。萬百事業。端賴青年之健全。而後可以設施。一若已老而已衰者。祇可立於監督地位。精力有所不逮。故爲家長者。宜時時訓育子女。從愛惜器物上打開一條生路。俾知經濟之艱難。不至揮霍。好貪時髦。否則世風日下。將何以堪。工商界之銳進。器物之新奇。日出無窮。厭古喜新之惡習。爲人人所不免。往往爲其所引誘。切於實用者。當然不生問題。大都靡費於不切實用。既有之而貪其不甚完備。厭其不合摩登。愛惜之念。在所不顧。欲求節省金錢。難乎其難矣。故愛惜器物。爲自救救國之要道。莫謂纖些小事。無關得失也。

第十五節

愛國所以雪恥。宜於家庭間漸漸養成。非一朝一夕可以造成之。爲父兄者。當常以國家之利害。時時曉諭。無論男女。均有應守之本份。應盡之天職。一衣一食。處處可以表示愛國心。及至身入社會。自然道道是路。不爲邪說所迷。不爲利祿動心。一以本身之國家爲前題。無庸人指導。無庸人宣傳。遇事非達到愛國目的不止。非達到雪恥救國不止。居家也。出門也。在在有愛國心腸。處處有圖强熱血。不係乎職業。不係乎等級。越規行動。當然爲法律所不許。衝動夫一時之熱血。於事何補。五分鐘熱度。爲男兒最恥辱之事。故欲使人人有愛國心。務從家庭中打開一條生路。衣也食也。皆取之於自己。不以舶來品之美麗而動其心。不以一時貪便宜而喪其天良。欺人卽以欺己。人可欺。己不可欺也。愛己卽爲愛國。愛國所以圖强。家庭革命。當以此爲先利之導。非婚姻自由。男女並權。卽謂之解放也。婚姻爲一生之良伴。本應徵諸兩造同意。男女爲內外分權之構結。一左一右。本無所謂高下也。古隱而今顯一也。愛國先愛己。不欺己。須從家庭始。

第十六節

人事之繁簡。當然隨家庭之有餘與不足爲斷。而鄉僻之處。事無巨細。必操之於自己。男有男之操作。女有女之職務。勞逸差等。城市繁華之區。不耕不織。所事者。不過煑飯洗衣等普通之事耳。較之鄉僻之家。不啻倍徙。往往雇用奴僕。多人主人則在所不問。衣也有人穿。食也有人送。同是一人。何來天官賜福。此等樂利。大都女太太們享之居多。男子則或尚有一部份操作。人之生計。足以養生足矣。何必如此富麗。如此堂皇。女紅之廢弛久矣。奴僕之雇用。習以爲常事矣。懶怠之心理愈深矣。縫衣烹飪之法。不諳久矣。徒知口腹之舒適。不顧金錢之靡費。主人養成貪懶無用之廢物。奴僕養成甘作下賤之卑鄙物。欲求眞正之民族民權主義。非從此革除奴僕中打開一條生路不爲功。照例應有呈報。應有限制。或加以懲獎。納以微細之雇佣費。俾人人能自操自勞。能勤能儉。家庭之負担。旣輕。國家生產業自然發達。試以全國雇用之奴僕。統而計之。何至數萬萬人。以此數萬萬身壯力强之奴僕。奉養倍徙貪懶無用之廢人。國家無形之耗費。實屬不可勝計。有此吃飯不做事之一般廢人。以大好之光陰。耗靡於耳目四肢之慾壑中。所以新奇之遊樂世界。野蠻之跳舞場所。放浪之影戲院。及一切冶遊之所。到處客滿。無賴之賣肉生涯。藏垢匿汚。歸藏於一爐。良莠莫辨。高下難分。新奇之船來品。消售一空。有餘之家。屬盡向荒浪路上猛進。莫怪世風之日下。盜匪之日多。冶容誨淫。慢藏誨盜。皆基於此。不特此也。卽以人類之平等言。亦應從早革除。救家救國。不無相當代價。爲家主者。宜急圖之。

道道是路

占筮類			
1	擲地金聲搜精秘訣	心一堂編	沈氏研易樓藏稀見易占秘鈔本
2	卜易拆字秘傳百日通	心一堂編	
3	易占陽宅六十四卦秘斷	心一堂編	火珠林占陽宅風水秘鈔本
星命類			
4	斗數宣微	【民國】王裁珊	民初最重要斗數著述之一；未刪改本
5	斗數觀測錄	【民國】王裁珊	失傳民初斗數重要著作
6	《地星會源》《斗數綱要》合刊	心一堂編	失傳的第三種飛星斗數
7	《斗數秘鈔》《紫微斗數之捷徑》合刊	心一堂編	珍稀「紫微斗數」舊鈔
8	斗數演例	心一堂編	秘本
9	紫微斗數全書（清初刻原本）	題【宋】陳希夷	斗數全書本來面目；有別於錯誤極多的坊本
10-12	鐵板神數（清刻足本）——附秘鈔密碼表	題【宋】邵雍	無錯漏原版 秘鈔密碼表 首次公開！
13-15	蠢子數纏度	題【宋】邵雍	蠢子數連密碼表 打破數百年秘傳 首次公開！
16-19	皇極數	題【宋】邵雍	清鈔孤本附起例及完整密碼表 研究神數必讀！
20-21	邵夫子先天神數	題【宋】邵雍	附手鈔密碼表 研究神數必讀！
22	八刻分經定數（密碼表）	題【宋】邵雍	皇極數另一版本；附手鈔密碼表
23	新命理探原	【民國】袁樹珊	子平命理必讀教科書！
24-25	袁氏命譜	【民國】袁樹珊	
26	韋氏命學講義	【民國】韋千里	民初二大命理家南袁北韋
27	千里命稿	【民國】韋千里	
28	精選命理約言	【民國】韋千里	北韋之命理經典
29	滴天髓闡微——附李雨田命理初學捷徑	【民國】袁樹珊、李雨田	命理經典未刪改足本
30	段氏白話命學綱要	【民國】段方	民初命理經典最淺白易懂
31	命理用神精華	【民國】王心田	學命理者之寶鏡

62	地理辨正補註　附 元空秘旨　天元五歌　玄空精髓　心法秘訣等數種合刊	【民國】胡仲言	貫通易理、巒頭、三元、三合、天星、中醫
63	地理辨正自解	【清】李思白	公開玄空家「分率尺、工部尺、量天尺」之秘
64	許氏地理辨正釋義	【民國】許錦灝	民國易學名家黃元炳力薦
65	地理辨正天玉經內傳要訣圖解	【清】程懷榮	秘訣一語道破，圖文并茂
66	謝氏地理書	【民國】謝復	玄空體用兼備、深入淺出
67	論山水元運易理斷驗、三元氣運說附紫白訣等五種合刊	【宋】吳景鸞等	失傳古本《玄空秘旨》《紫白訣》
68	星卦奧義圖訣	【清】施安仁	三元玄空門內秘笈　清鈔孤本 過去均為必須守秘不能公開秘密 與今天流行飛星法不同
69	三元地學秘傳	【清】何文源	
70	三元玄空挨星四十八局圖說	心一堂編	
71	三元挨星秘訣仙傳	心一堂編	
72	三元地理正傳	心一堂編	
73	三元天心正運	心一堂編	
74	元空紫白陽宅秘旨	心一堂編	
75	玄空挨星秘圖　附 堪輿指迷	心一堂編	
76	姚氏地理辨正圖說　附 地理九星并挨星真訣全圖　秘傳河圖精義等數種合刊	【清】姚文田等	蓮池心法　玄空六法 門內秘鈔本首次公開
77	元空法鑑批點本——附 法鑑口授訣要、秘傳玄空三鑑奧義匯鈔　合刊	【清】曾懷玉等	
78	元空法鑑心法	【清】曾懷玉等	
79	曾懷玉增批蔣徒傳天玉經補註【新修訂版原（彩）色本】	【清】項木林、曾懷玉	
80	地理學新義	【民國】俞仁宇撰	揭開連城派風水之秘
81	地理辨正揭隱（足本）　附連城派秘鈔口訣	【民國】王邈達	
82	趙連城傳地理秘訣附雪庵和尚字字金	【明】趙連城	
83	趙連城秘傳楊公地理真訣	【明】趙連城	
84	地理法門全書	仗溪子、芝罘子	巒頭風水，內容簡核、深入淺出
85	地理方外別傳	【清】熙齋上人	巒頭形勢、「望氣」「鑑神」
86	地理輯要	【清】余鵬	集地理經典之精要
87	地理秘珍	【清】錫九氏	巒頭、三合天星，圖文並茂
88	《羅經舉要》附《附三合天機秘訣》	【清】賈長吉	清鈔孤本羅經、三合訣法圖解
89－90	嚴陵張九儀增釋地理琢玉斧巒	【清】張九儀	清初三合風水名家張九儀經典清刻原本！

編號	書名	作者	說明
91	地學形勢摘要	心一堂編	形家秘鈔珍本
92	《平洋地理入門》《巒頭圖解》合刊	【清】盧崇台	平洋水法、形家秘本
93	《鑒水極玄經》《秘授水法》合刊	【唐】司馬頭陀、【清】鮑湘襟	千古之秘，不可妄傳匪人
94	平洋地理闡秘	心一堂編	雲間三元平洋形法秘鈔珍本
95	地經圖說	【清】余九皋	形勢理氣、精繪圖文
96	司馬頭陀地鉗	【唐】司馬頭陀	流傳極稀《地鉗》
97	欽天監地理醒世切要辨論	【清】欽天監	公開清代皇室御用風水真本
三式類			
98－99	大六壬尋源二種	【清】張純照	六壬入門、占課指南
100	六壬教科六壬鑰	【民國】蔣問天	由淺入深，首尾悉備
101	壬課總訣	心一堂編	過去術家不外傳的珍稀六壬術秘鈔本
102	六壬秘斷	心一堂編	
103	大六壬類闡	心一堂編	
104	六壬秘笈——韋千里占卜講義	【民國】韋千里	六壬入門必備
105	壬學述古	【民國】曹仁麟	依法占之，「無不神驗」
106	奇門揭要	心一堂編	集「法奇門」、「術奇門」精要
107	奇門行軍要略	【清】劉文瀾	條理清晰、簡明易用
108	奇門大宗直旨	劉毗	天下孤本　首次公開 虛白廬藏本《秘藏遁甲天機》 奇門不傳之秘　應驗如神
109	奇門三奇干支神應	馮繼明	
110	奇門仙機	題【漢】張子房	
111	奇門心法秘纂	題【漢】韓信（淮陰侯）	
112	奇門廬中闡秘	題【三國】諸葛武侯註	
選擇類			
113－114	儀度六壬選日要訣	【清】張九儀	清初三合風水名家張九儀擇日秘傳
115	天元選擇辨正	【清】一園主人	釋蔣大鴻天元選擇法
其他類			
116	述卜筮星相學	【民國】袁樹珊	民初二大命理家南袁北韋 南袁之術數經典
117－120	中國歷代卜人傳	【民國】袁樹珊	